中小企業・社長の
実践ガイド

激動の時代、会社をどう変えていくか

田中渉

はじめに

企業には「変わる力」が必要です。

多くの企業で現状の儲けの仕組みは通用しなくなっています。もちろん好調の企業もありますが、その企業は環境の変化に対応し変わり続けています。

リーマンショックそしてコロナ禍で取引環境が激変し、商品構成・販売戦略の大幅見直しを求められています。

非対面の環境でネット販売の普及が進む、テレワークでスーツの需要はガタ落ち、クリーニング業も仕事が激減している等々。これらを乗り越える＝変化できる企業が生き残れます。

変わるためには、しっかりした経営の土台が必要です。足腰（土台）が弱いとホームラン（変革）は打てません。

まず、経営の土台の見直し、そして再構築を行いましょう。再構築にはもはや欠かせぬＩＴ活用、そしてＤＸです。

筆者は、ITコーディネータ（経済産業省推進資格）として、20数年にわたり、製造業をはじめ多くの企業の改革をお手伝いしてきました。

ITコーディネータは、経営の視点で戦略的なIT活用を進め、経営をサポートする専門家です。長いときは10年近くのお付き合い、社長とは人生観までお話しすることもあります。

ITシステムを入れても「動かない」のはなぜ？

相談のご依頼を受けるきっかけは、売上の回復・上昇、業務の標準化、受注型ビジネスにおける粗利益の把握、在庫管理の徹底、工程管理などを目的とした「IT導入」ですが、コンサルティングを始めると、実はほとんどのケースで人と組織の課題にぶつかります。

例えば生産管理システムを導入したものの、社内にIT以前の組織力等の課題が山積みのケースがありました。社内会議に参加したり、管理職の方のコーチングを行ったり、客観的な視野を持ちつつ社内に入って組織改革をご支援することになりました。

またよく見られるのが、経営者は部下の力不足を嘆き、部下は社長の悪口を言う光景です。皆さんの会社ではいかがでしょうか。うまくいかない理由を相手に求めても堂々巡りで会社は変わりません。

ＩＴの力を十分に活かすためには、その前に、人や組織の土台づくり、変われる組織づくりが必要と、ＩＴコーディネータとして仕事をすればするほど強く感じました。

人や組織の土台づくり、変われる組織づくりの進め方を中小企業経営者の皆様に伝えたい――これが本書を執筆したきっかけです。

ＩＴに対し頭から否定的な経営者・管理者もまだまだ見られます。これも組織の「変わる力」が弱いことの現れといえます。

●ＤＸ時代だからこそ「変わる力」に注目

今は、ＤＸ(Digital Transformation　デジタルトランスフォーメーション)がブームともいうべきにぎわいです。
ＤＸとは、経済産業省の定義では、「データとデジタル技術を活用して顧客や社会のニーズを基に、変革することで競争上の優位性を確立する」としています。

・製品やサービスの変革
・ビジネスモデルの変革
・業務、組織、プロセスの変革
・企業文化・風土の変革

ポイントは変革、変わることです。

これまでのＩＴ活用による効率化に留まらず、企業を変革するＤＸは、ＩｏＴ、ＡＩ、５Ｇに続く新技術ではなく、これらのデジタル技術をいかに徹底的に活用し新たな変革を生むか。つまり人間系の変革ととらえています。

ＤＸの実現度も「変わる力」によります。

変わるための土台づくりの手法として「ＰＤＣＡ」（Plan計画―Do実行―Check評価―Action対策　のサイクル）が知られています。最近では事業の特性によってはＤを先に実行するＤＣＰＡという考え方もありますが、改善のサイクルを回すことに変わりはありません。

つまり、「経営の仕組み＝儲けの仕組み＝経営のＰＤＣＡが回る仕組み」となります。

中小企業支援現場で強く感じたこと、さらに多くの成功事例などの調査から得たこととして、本書では、経営の仕組みを構築するために、社長、管理者、社員それぞれに何が求められるか、さらにＤＸの実現に必要なことは何かを説明します。

第１章では、基盤となる「変わるための土台づくり、５つの基本手順」を解説します。

第２章では、作った仕組みを回せる「企業文化の醸成と社員」にかかわるテーマを取り上げます。

第3章では、経営者の方と向かい合ってきた経験に基づき、「社長の変わり方」をお話しします。

「会社が変わる」ためには、まず「社長自身が変わる」ことが必要だなと感じる場面があります。筆者は、社長がプロとしての自分を磨き続けて行く姿をイメージしてお手伝いしています。

この3つの章は中小企業・社長の鉄則といえます。


さらに第4章では、第3章までの基盤を踏まえ時代に即した変革、DX（デジタルトランスフォーメーション）の推進を考えます。

最初も人、最後も人です。人と組織づくりのコツを磨き、「変わる力」を身につけてDX時代を生き抜いていきましょう。

田中　渉

第１章

経営の足腰を強くする

変われる会社になるための土台づくりを進めましょう。
実現には５つの基本手順を実行することが有効です。

会社が「変わる力」を持つために、社長や組織に求められる思考や行動の鉄則を解説していきましょう。

まず、求められるのは「足腰を固める土台づくり」です。

土台とは、押さえるべき観点と行動手順を理解し、強い意志でやり抜くことを指します。

筆者はＩＴコーディネータとしてコンサルティングに携わる過程で、様々な企業、社長とお付き合いをしてきました。多くの理論を学び現場で活用し、文献で事例を研究し、支援に活かしてきました。しかし、残念ながら変われなかった会社もありました。

どの社長も「いい会社」を目指して努力しているはずです。しかし、準備運動が自己流だったり、「これでよい」との思い込みがあったり、練習方法を知っていてもトレーニングを怠ったり偏りがあったりすれば、「たまたま」はあっても安定的にホームランは打てません。

ＩＴ戦略策定を依頼されてお手伝いに入ったはずが、社長と幹部が思いを共有できておらず、幹部社員へ個別面談を依頼されたこともありました。

会社が変わるためには（ホームランを打つためには）、土台づくりが大切です。土台がないまま経営を進めていると、どこかで壁にぶつかることになるでしょう。

正しい土台づくりの方法を理解して、意志をもってやり抜くことは社長の大切な仕事です。

1　「いい会社」の姿を描き、ミッションを掲げる

さて、「いい会社」とはどんな会社でしょうか。企業ごとに解釈は異なってもかまいませんが、筆者は、企業のお手伝いをする目的は、「いい会社」になっていただくことと考えています。

筆者の「いい会社の定義」は、

【いい会社＝家族や友達に自慢したくなる会社】

です。

その姿を社長自身に考え抜いていただき、ミッション（会社の存在価値）として掲げ、社員と想いを共有していきましょう。

事例企業を挙げてみましょう。

① 伊那食品工業株式会社：48期増収増益

社是が「いい会社を作りましょう～たくましく　そして　やさしく」。筆者が企業のお手伝いをはじめた頃、感銘したのは、伊那食品工業・塚越寛社長（役職は出版時）の著書『いい会社をつくりましょう』でした。その考え方を次のように説明しています。

・会社を強くするものは何か？　それは社員のやる気を引き出すこと
・やる気を引き出すには、社員に「自分の会社だ」と思ってもらうこと

「優れた経営面」「地域及び社会貢献面」が評価され、塚越会長（当時）は2017年渋沢栄一賞を受賞されました。受賞理由として、特に、「2006年に、創業以来48年間連続で増収増益を達成」が挙げられています。

成長を急がず、毎年、毎年、小さな成長を続けること、社員のため、世の中のた

めにあることを前提にした経営「年輪経営」を進めてこられました。
筆者もコンサルテーションにおける考え方に、大きな影響を受けました。

② 株式会社フードケア：24期連続増収中

筆者が足掛け10年、お手伝いしてきた企業です。介護食品の開発メーカーです。会社のビジョンとして以下を掲げ、本書で述べる「経営の足腰づくり」を起業の時から着実に進めてきました。

・私たちは、食べる喜びを支え世界中を笑顔にすることを目指しています。食べる喜びは生きる喜びにつながることを信じ、革新的な製品の開発や、新しいサービスの提供に挑戦し続けます。
・私たちは、ｏｍｇ（おいしい、もぐもぐ、ごっくん）に関わる全ての人たちが幸せであることを願っています。「ありがとう」でつながるハートの輪を大切に、誠実な企業活動を通じて、より良い社会づくりに貢献していきます。
・私たちは、お互いの個性を尊重し個人の可能性の種が花開くよう、いきいきと心豊かに成長できる風土を創り続けます。

このビジョンの実現を目指し、一人ひとりが自立し、いきいきと活動している姿を見てきました。きっと、社員の皆様はご家族や友達に自慢できる「いい会社」だと感じていると思います。本書の締めくくりとして、4章に詳しく紹介しています。

一方、この2社とは異なり、土台が弱い会社では、社員は「上司の指示が悪い」と感じ、上司や社長は「うちの社員は力が足りないし働く意欲がなく困ったものだ」と嘆きがちです。

一人ひとりに技能はあり、さぼっているわけではありませんが、動きが「その場しのぎ」になっており、会社としての力が発揮できていません。それぞれが違う方向を向いて言われたことだけをやっているので社員のモチベーションも低下しがちです。

では、会社の足腰を固める土台はどうやって構築すればよいでしょうか。

2　会社の土台づくり、5つの基本手順

会社の足腰を固め、変われる力を持つためには、日々の経営において次の5つの手順を実行していきます（図表1－1）。

手順1　ゴールとビジョンを描く
…社長の想いや目指す姿を言葉や数字にする

手順2　顧客の視点で戦略を策定する
…事業展開のためのマーケティング

手順3　達成指標・行動計画を設定する
…具体的に何をどう実行するかの計画

手順4　業務の仕組みをつくる（欠かせぬIT活用）
…実行の効果を高める標準化

手順5　人と組織を育てる
…育成計画策定及び実行

これは1回で終わりではなく、定期的に見直していきます。例えば手順2の「顧客の状況」が変われば、その先も変わっていきます。

5つの基本手順はどの企業にも適用できますが、小学生の野球チームの指導と高校野球チームの指導では現場での進め方が異なるように、自社の足腰の強さに最適な鍛え方があります。

いい会社に向けて頑張っている会社も、現状はそれぞれです。

この視点で、段階別に「残念な会社」、「できる会社」、「一流の会社」と名付け、図1－2に手順への対応段階を整理してみました。「一流の会社」はビジョンを共有でき、経営者も現場もPDCAを主体的に回しています。

PDCAとは、一つの取り組みについて、計画（Plan）－実行（Do）－チェック・評価（Check）－対策（Action）という4つの行動を的確に行い、経営効果を高める方法を指します。

今、会社はどの状態にあるでしょうか。

この5つの手順を現場で活かし、一流の会社になっていただけるよう、それぞれの内容を詳しく説明していきます。

図表1－1 「変わる」ための土台づくり、5つの基本手順

足腰（土台）を鍛えないとホームラン（変わる）は打てない

- **手順1** ゴールとビジョンを描く
- **手順2** 顧客の視点で戦略を策定する
- **手順3** 達成指標・行動計画を設定する
- **手順4** 業務の仕組みをつくる（欠かせぬIT活用）
- **手順5** 人と組織を育てる

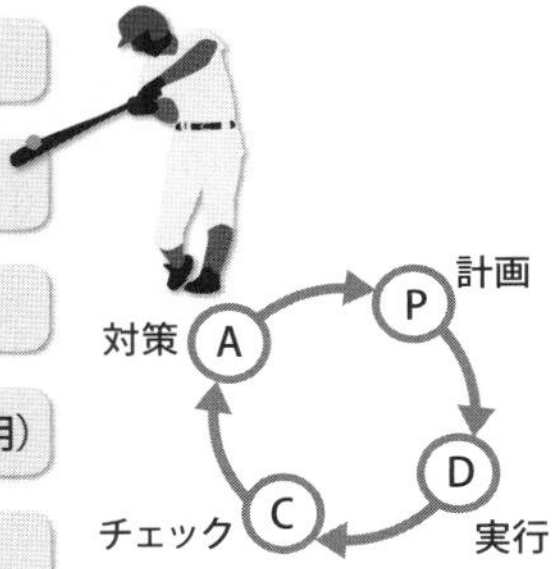

図表1－2 5つの基本手順の視点で見た「残念な会社」「できる会社」「一流の会社」

	基本手順	残念な会社	できる会社	一流の会社
手順1	ゴールとビジョンを描く	その日暮らし	社長の想いあり	全社で共有
手順2	顧客の視点で戦略を策定する	顧客満足の意識なし	顧客満足の意識あり	顧客満足指標あり
手順3	達成指標・行動計画を設定する	活動の評価指標なし	活動の評価指標あり	PDCAが回っている
手順4	業務の仕組みをつくる（欠かせぬIT活用）	社長の都度指示 口頭、紙ベース	業務の流れ、役割明確 PDCAが回っていない	経営層から現場まで PDCAが回っている
手順5	人と組織を育てる	指示待ち社員が大半	将来に向けた改善、改革の気持ちはあるが不十分	現場まで自立、自分で考え、自分で刈り取れる

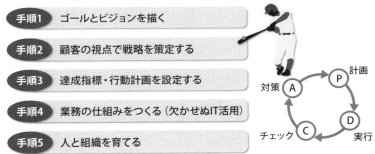

土台づくりの手順1：ゴールとビジョンを描く

事業を通じて会社は何を目指すのか、2年後、3年後にどのような状態になっていたいのか。社長の想いを言葉や数字にします。そして社員に伝え、共有します。

実は多くの企業で、ここが十分に行われていません。社長自身がビジョンを描かず、「頼まれた仕事をこなす」「仕事が来るのを待っている」状態では、業界の景気が後退すれば一気に経営が傾くことになります。

多くの社長が、プレーイングマネージャーです。中小企業の場合、ある程度やむを得ないと思います。日常業務に追われ、将来のことを考える時間、また社員を育てることへの時間が取れていない、あるいは取ろうとしていないのが現状でしょう。

結果、ビジョンを描けず、将来へ向けての目標設定ができません。そうなると社員はこの会社はどこに向かっており、だから今日の仕事はこうあるべきとの考え、道筋を持てません。社員一人ひとりが将来に向けた行動をイメージできない状態で会社は変化できるでしょうか。行動が変わらなければ毎年毎年、同じことの繰返し、その日暮らしとなります。

まず、社長自身が変わる必要があることを頭に入れておいてください。そのための時間を取る方法については、第3章で解説します。

また、社長が熱心に考えていても社員に伝わっていなければ、考えていないのと同じになってしまいます。

社員一人ひとりが会社で働く意味の理解、そして会社の成長と自分の生活との関係を理解し、全員で、会社を良くする発想に向かってもらいましょう。

会社の成長が自分の成長につながると理解してもらうと成功です。指示待ち社員でなく、自ら考え、自ら対策を考え、自ら刈り取る喜びを是非、経験してもらいましょう。そのためにも、社長は向かう方向を示してください。それが図1－3に示す「社長の想いを行動計画へ落とすステップ」となります。

●「想い」を言葉と数字にする方法

戦略目標やビジョンをまとめるには、どのようにしたらよいでしょうか。

ビジョンについて、社長の想いを描いた一例を図1－4に示します。ご自身の好きな描き方で進めてください。進め方の詳細は第3章で解説します。

その際に定めるポイントは次の2つです。

戦略目標（ＫＧＩ）：売上、利益などのゴール

達成指標（ＫＰＩ）：ゴール実現の活動指標

●現状に応じた対応法

■現状1：ビジョンの整理も共有もできていない場合

①　まずは社長、あなたが3年後、5年後、どうありたいか十分考えてビジョンを描いて下さい。

②　社長の想いに共感し、それを具現化してくれるナンバー2候補を選びます。社長の目から見れば多分、一人もいないということになるでしょう。でも選んでください。

ナンバー2に育ってくれる人選びは、次の基準でいかがでしょう。

・社長の指示を正しく聞ける人

・問題があれば、社長に必ず報告してくれる人

③　ビジョンを示し、ナンバー2候補の意見を聞く。その意見を参考に更新する。ここからナンバー2候補を巻き込み、ベクトル合わせをします。時間がかか

図表1－3　社長の想いを行動計画へ落とすステップ

※戦略目標（KGI）：売上、利益などのゴール　達成指標（KPI）：ゴール実現の活動指標

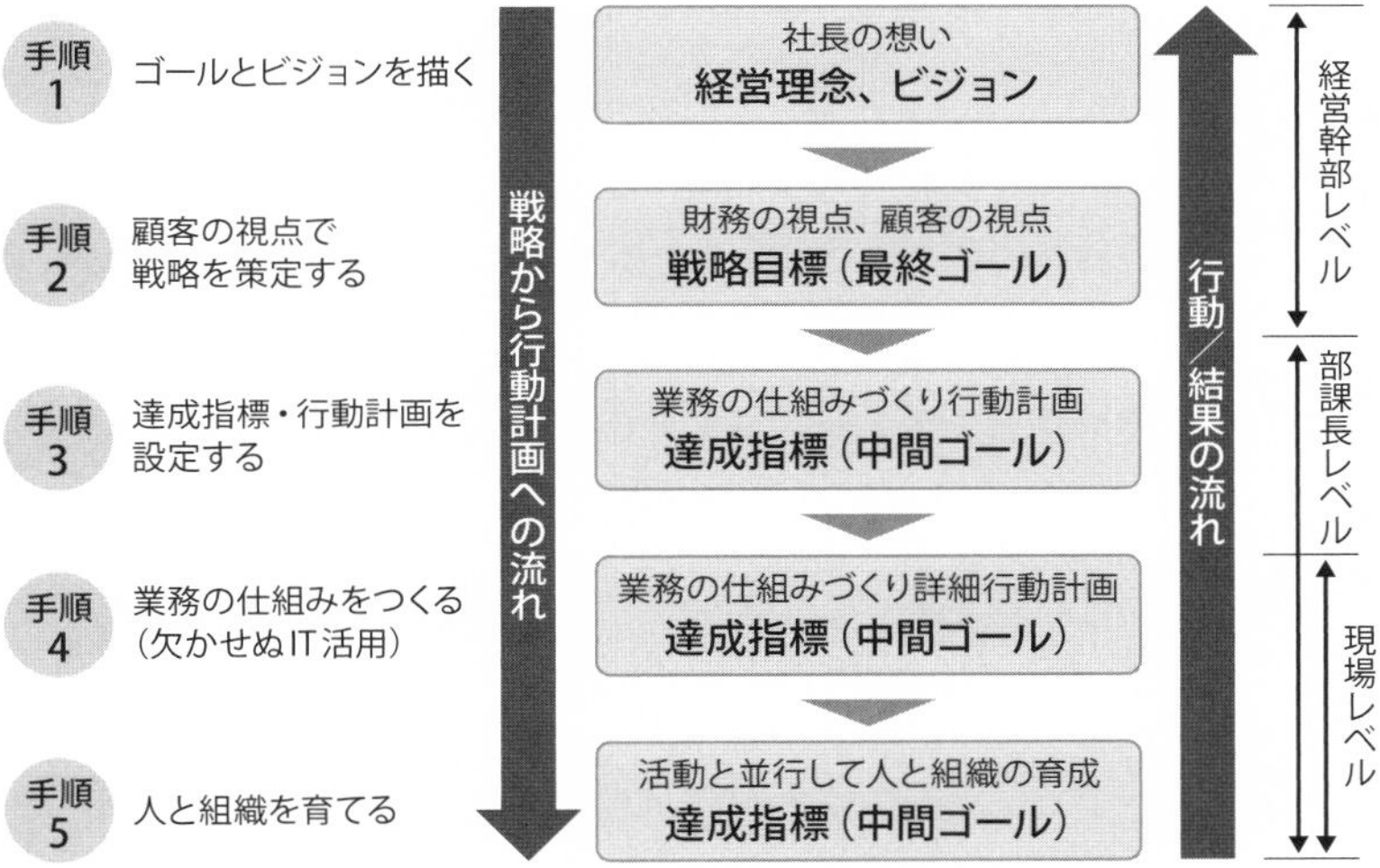

そして、モニタリングの徹底、それは経営幹部の責任です

図表1－4　＜参考資料＞経営コンセプト例

経営理念／社長の想い／戦略目標

経営理念	■「○○社」を信頼のブランド名にする ■顧客第一主義、顧客とともに成長する ■収益を確保し、社員満足度向上を目指す
社長の想い	ビジョン（3年後） ■顧客から満足されるQCD確保 ■厳しい中でも、生き生きと働く明るい会社
戦略目標	★品質クレーム件：ゼロ ★納期遵守率　：95% ★従業員満足　：75%以上 ★在庫削減　：30%

るかもしれません。中小企業にとってピカピカの人材獲得は困難です。だから「今いる社員が一番大事」です。人間の可能性を信じ育てるしかありません。

ナンバー2への期待について、少しお話ししておきます。

社長はある意味孤独です。社長の想いと経営責任を理解し、分かち合ってくれる良き相談相手になってくれるナンバー2がいればと思う社長は多いと思います。

筆者のコンサル経験では、優秀なナンバー2のいる会社は少ないです。

社長はCEOで夢を追い続ける。ナンバー2はCOOで社長の想いを具現化する役割、その意味では社内のことは何でもわかり、何でもこなす。と言うのが筆者のイメージです。有名なホンダ自動車の本田宗一郎氏とその右腕だった藤沢武夫氏の関係、SONYの井深大氏と盛田昭夫氏の関係はあまりにも有名です。

社長とナンバー2はむしろ能力、性格が違う方が良いともいわれてます。自分と違う人間とうまく持っていける社長の度量を問われるかもしれません。

■現状2：既に社長の想いは整理されている場合

幹部そして現場まで伝えましょう。伝わってこそ、変化のスタートです。

①　まずは、ナンバー2に社長の想い、ゴールを伝え、賛同してもらえるまで話しましょう

②　賛同してもらえたら、会社の土台づくり、「基本手順2」の話へ移ることができます。

この進め方については、テンプレートを示し、第3章で解説します。

一度の話では、その時は、納得しても腹落ちしません。腹落ちして、自分が何をすべきかを考えてもらえるまで話しましょう。筆者の経験では、中小企業は日常業務に追われ絶対的に会話が足りないと感じています。

カリスマ経営者の稲盛和夫さんはご存知の通り、京セラの創業、現KDDIの創業、そしてJALを再建に導きました。京セラ創業の時、小さな会社でも会話が必要と気が付き、「稲盛流コンパ」を考えました。車座を組み、酒を酌み交わしながら徹底的に自分の想いを伝えていきます。

超大企業のJALの再建でも、幹部から現場に至るまで、これを行っています。「酒

を酌み交わすのです、こころをさらけだすのです」と言っています。若き頃、「なぜ、部下とこころからわかり合えないのか」「なぜ、組織がこんなにまとまらないのか」と煩悶し稲盛流コンパを生み出したと言われています。

筆者の経験でも、社員のために会社のためにベクトル合わせするには人生観、仕事観まで踏み込んだ会話が必要だと考えています。支援する立場の筆者は、セミナー、研修では、ここまで踏み込めないと感じています。最近は、育成すべき管理者の方とは1対1の会話をさせていただいています。人生観、仕事観まで踏み込んでお話を聞きます。コーチングといっても良いかもしれません。

■現状3：社長の示すビジョン、目標を共有できている場合

目標に向けた行動計画に基づき、経営のＰＤＣＡ、中間管理者のＰＤＣＡ、現場のＰＤＣＡが連携しているでしょうか。この姿になっている会社は筆者の経験ではまだ数少なく、日本の中小企業の生産性が低迷している大きな要因ではないかと感じています。ここを突破して飛躍への一歩を踏み出しましょう。

土台づくりの手順2：顧客の視点で戦略を策定する

次に、ゴールに向けて事業を展開するための軸を明確にします。自社都合ではなく顧客視点でのマーケティングを進めます。お客様にどのような価値を提供し、その見返りの売上をいただくか。買いたいと思うものを買いたいと感じてもらえるような発信をし、接点を作ります。

「マーケティング」という言葉を出した途端、「横文字言葉を使うな」と拒否反応を示す方もいますが、上記の意味を知れば納得していただけるでしょう。

これまでは社長が培った商売の勘と経験でうまく売上を伸ばせました。しかし、5年後、10年後、社会や顧客が変化したときに、同じやり方でうまく行く保証はありません。

●マーケティングとは

では、顧客視点でのマーケティングとは何でしょうか。それは「顧客目線」で考えるということです。でも「顧客目線」と言われてもどうすれば良いかわからない。このあたりの理解がマーケティングを進める上での出発点といえるでしょう。

マーケティングにおいて最も重要なポイントは「顧客にとっての価値」をどう提供するかにあります。では「顧客にとっての価値」とは何かを考えるヒントに、以下の表現があります。マーケティング界のドラッカーと称されたアメリカの学者レビットの著書『マーケティング発想法』（１９６８年）で紹介されたものです。

「ドリルを買いにきた人が欲しいのはドリルではなく『穴』である」

最近、「もの」を売るのではなく、「こと」を売るのだと良くいわれます。筆者の子供のころ、家電の3種の神器といわれた「洗濯機、テレビ、冷蔵庫」、この時代はまさに「もの」を揃えるのが多くの家庭の望みでした。これを最近の「こと」を買うという発想にあてはめると、洗濯機でなくて、クリーニング店またコインランドリーのサービスで十分と考える人もいるでしょう。テレビもいまや、動画のコンテンツを見る用途なら、インターネット、スマホで十分という人も増えています。

顧客が「こと」で考えると選択肢が増えてきます。まさに、顧客が欲しいのは、ドリルでなく、『穴』なのです。言いかえると、顧客は「商品・サービスによって生まれる価値」を買いたいと考えます。
さらに「価値」に加え、「価格」「利便性」そして「企業と消費者の、双方向のコミュニケーション」が選択の条件となっています。

顧客目線で考えるためには、顧客を良く知ることが必要です。以下の順番で考えてみましょう。

① 本当のところ、顧客は誰なのか
② その顧客を良く知るためのアンケートもひとつの選択肢
アンケートの答えだけでは真のニーズがわからない場合がある。顧客自身が気づいていないニーズがあるということである。ここを知るには、以下の③の視点が必要となる。
③ 顧客の行動パターンを知る
ユーザーが何を考え、どのような場面でどんな行動をするかを把握する。
・顧客になりきってどんな時にどんな行動をするかを考える
・ＥＣサイトがあればサイトでの顧客の動線分析も一手段
・ペルソナ（サービスや商品などを購入・利用する具体的な顧客像）を描く

ライフスタイル、価値観、悩み、趣味や性格、好きな雑誌…といった定性的な情報を肉付けし、よりあたかも実存する人物のように定義する。このことにより、ターゲットとなるユーザーに対する理解をより深められるとします。進め方については関連書籍等での調査が必要です。

④その顧客にどんな価値を提供するのかの決定

⑤価値提供の見返りで自社の売上／利益にどう結びつくのかの確認

●マーケティング手法

マーケティングに関して、世の中には多くの手法があります。なるべく取り組みやすいマーケティング手法の基本を紹介しましょう。

〈STP分析〉

どこで戦うかを決めるための分析です。

価値を提供しようとする市場を細分化し、どこをターゲットに絞り込むか、絞り込んだ市場での競合との位置関係を明確にする。

S…Segmentation
市場の細分化—膨大な市場顧客をいくつかの属性でグループに分ける
T…Targeting
新商品やサービスが参入するべき市場を絞り込み
P…Positioning
自社とライバル他社との位置関係の把握分析

〈4P〉

「どのような製品をどのくらいの価格でどういう経路で市場に送り出すのか」、「どのようにターゲット層に情報を届けるのか」という戦略、マーケティング・ミックスと言い、次の４つのPで表します。

Product（プロダクト：製品）
Price（プライス：価格）
Place（プレイス：流通）
Promotion（プロモーション：販売促進）

この2つの考え方を組み合わせたマーケティング戦略の立案・実行のステップは以下のようになります。

①　マーケティング環境分析と市場機会の発見
②　セグメンテーション（市場細分化：S）
③　ターゲティング（市場の絞り込み：T）
④　ポジショニング（自社の立ち位置の明確化：P）
⑤　マーケティング・ミックス（4P）
⑥　マーケティング戦略の実行と評価

〈3C〉

外部環境である市場と競合の分析から成功要因（KSF）を見つけ出し、自社の戦略に、どう活かすかのための分析をします。

Customer（市場・顧客）

市場規模や市場の成長性、ニーズ、真の顧客は誰か、その購買決定プロセス、購買決定者のプロフィールといった観点。

Company（自社）

ＳＷＯＴ（強み、弱み、機会、脅威）分析で、経営資源や企業文化等々の分析

定性的・定量的な確認。売上高、市場シェア、収益性、ブランドイメージ、

技術力、組織スキル、人的資源などの視点で見てみる。

Competitor（競合）

競合状況や競合企業の調査確認をし、戦略立案に活かす。

・いかに、市場を攻めるか、守れるか

・シェア、参入障壁、競合企業の戦略・実績

・経営資源、強みと弱み

ここまでのマーケティング分析の手法は、レッド・オーシャン（価格競争の泥沼の世界）をどう生き抜いていくのかが中心となっています。ブルー・オーシャンの世界については５つの手順を解説した後に詳しく紹介します。

土台づくりの手順3：達成指標・行動計画を設定する

日々の経営においては、何を見て舵取りをしていますか。

顧客本位ですべきことを決めたら、具体的に何をどこまでどのくらい実行するか指標を決定します。

社長が日々の動きをすべて把握することは不可能ですから、社長が見るもの、管理者が見るもの、現場が見るものを決めて、指標を定め、経営計画を立てます。指標を持てば、日々、一週間、一か月やってきたことがどうだったのか、また年度を通して良かったのかどうかを評価できます。数値を見ながら必要な対策を打つことで、会社の力や社員の力を伸ばしていくことができます。

図表1－3をもう一度振り返ってみましょう。描いたビジョンに沿った経営戦略にて、最終的に達成したい戦略目標（ＫＧＩ）を決めます。

何が実現できれば戦略目標が実現するのかについて、もうひとつ細かく要因を整理して達成指標（ＫＰＩ）に落とし込みます。そうすることで、具体的な行動（アクション）が考えやすくなります。

売上がなんぼと言われてもすぐにアクションが浮かびませんので、売上を実現するには新規顧客を何社開拓するか、そのために、顧客訪問回数目標を週何件とするか、または提案書提出件数を月平均4件等、アクションを取りやすいところまで具体化することが大切です。手順の詳細は図表1－5をご覧ください。

ここでは、年度経営計画の全社目標に売上ｘｘ億円を定めたとします。さあ、経営幹部は、部課長、現場は何をしますか。

①　図表1－5の必達アクションシート「何を」の列に「達成時期」と「売上ｘｘ億円」を設定します。

②　「売上ｘｘ億円」を達成するためには、「成功要因」に展開します。
まずは、「そのために何を⑴」への展開、ここでは、
・競合会社・顧客情報収集による営業活動の活性化
・提案提出件数アップ
・クロージング率アップ
を挙げました。

③　「そのために何を⑴」に「達成指標」を設定します。

④　「そのために何を⑴」をさらに「そのために何を⑵」へ展開します。
この後も「誰が」「いつまでに」が設定できるまで展開することもあります。

「必達アクション・シート」記入例

そのために何を(2)	担当	いつまでに
1-1-1. 顧客情報と営業活動情報の共有化アクション計画 ①顧客情報データベース設定 ②営業活動のデータベース化、関連者間の情報共有	田中	9月末
1-1-2. 営業プロセスの標準化、営業日報データベース構築 (SFA導入を視野に入れて)	田中	12月末
1-1-3. 営業体制と役割の見直し再構築 ①営業部門業務分析(36期)より改善策立案 ②技術業務分析実施と営業／技術の業務フロー改善	佐藤	3月末
1-2-1. 非見込み客から見込客獲得方法の確立 ①Webサイト再構築(目標を決める) ②外部営業代行の活用	山田 全営業	4月末
1-2-2. 提案書サンプル品揃え 1-2-3. 部課長によるOJTの徹底	山田 全営業	6月末
1-2-4. 新規開拓アクションプラン設定とPDCA	山田 全営業	8月末
1-3-1. 提案書の品質向上OJTの徹底 月次営業会議で実施状況報告	鈴木	5月末
1-3-2. 部課長による提案書提出後の進捗管理の徹底 SFA入力状況管理の仕組みづくり	坂井	6月末
1-3-3. 進捗管理の状況で部課長が同行営業 月次営業会議で実施状況報告	全営業	3月末

図表1－5　戦略目標から行動計画及び達成指標へ展開する手順

以下のフォーマットはひとつの例ですが、「誰がいつまでに」と行動が書けるようになるまで展開することが重要です

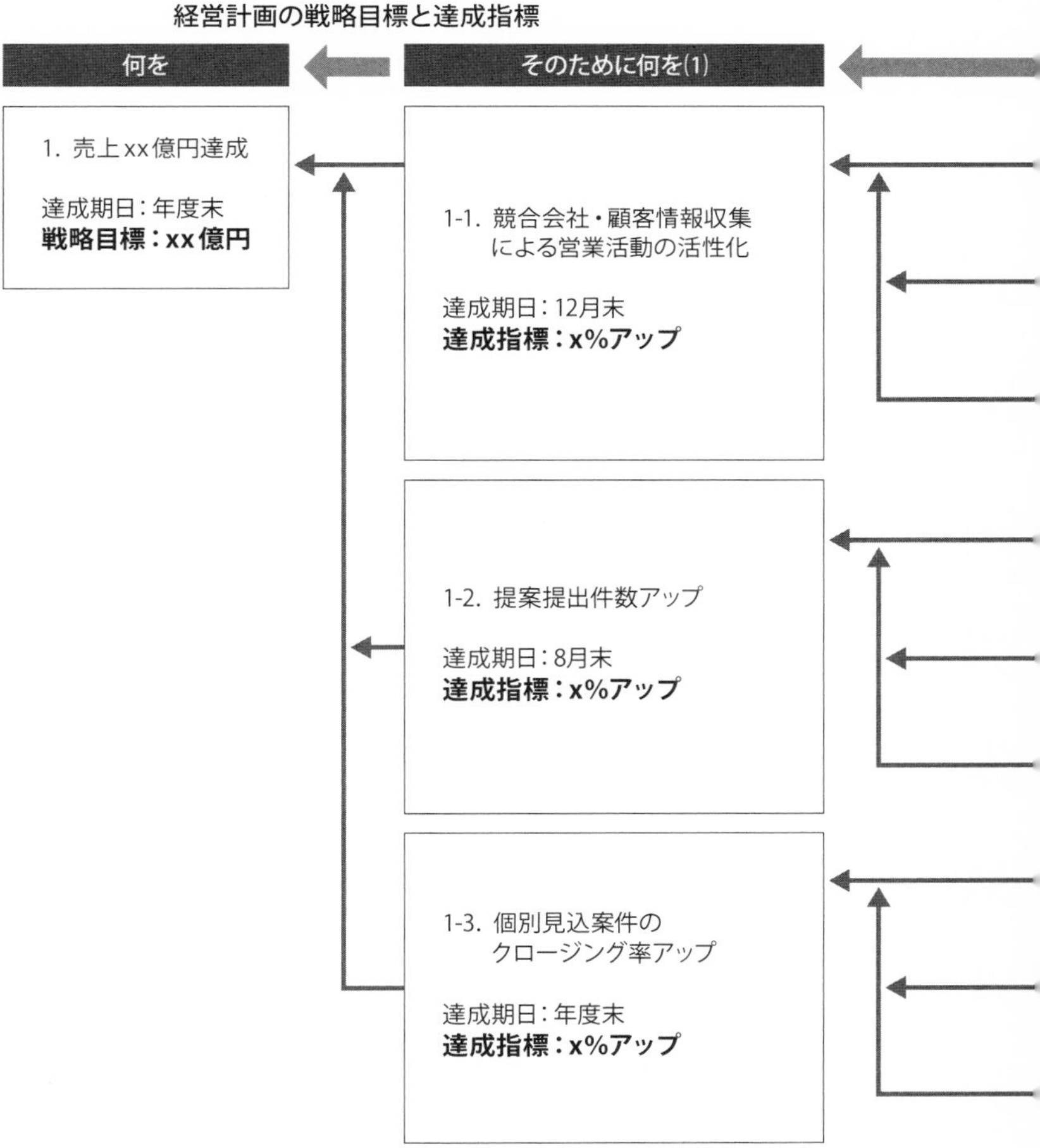

「そのために何を」にも達成指標を付けると目指すところが明確になります。

ここまでは、社長、経営幹部の仕事です。

アクションシートは部課長や社員用にも作成します。部課長や社員の必達アクションシートの最左の「何を」（戦略目標）に入れて展開してもらいます。それぞれ指示された担当は、「何を」実現するために「そのために何を⑴」と、前に説明した①〜④と同様に展開し、達成指標を設定して行きます。

これらが実行に移され、回り出した姿が「図表：1－6　各階層のPDCAがリンクする全社のPDCA」です。

全社のPDCAが、幹部のPDCAそして現場のPDCAとリンクすることになります。社員、幹部それぞれの階層で、指標と行動計画をチェックしながら進む習慣をつくりましょう。これが企業の変革の土台づくりになります。

図表1－6　各階層のPDCAがリンクする全社のPDCA

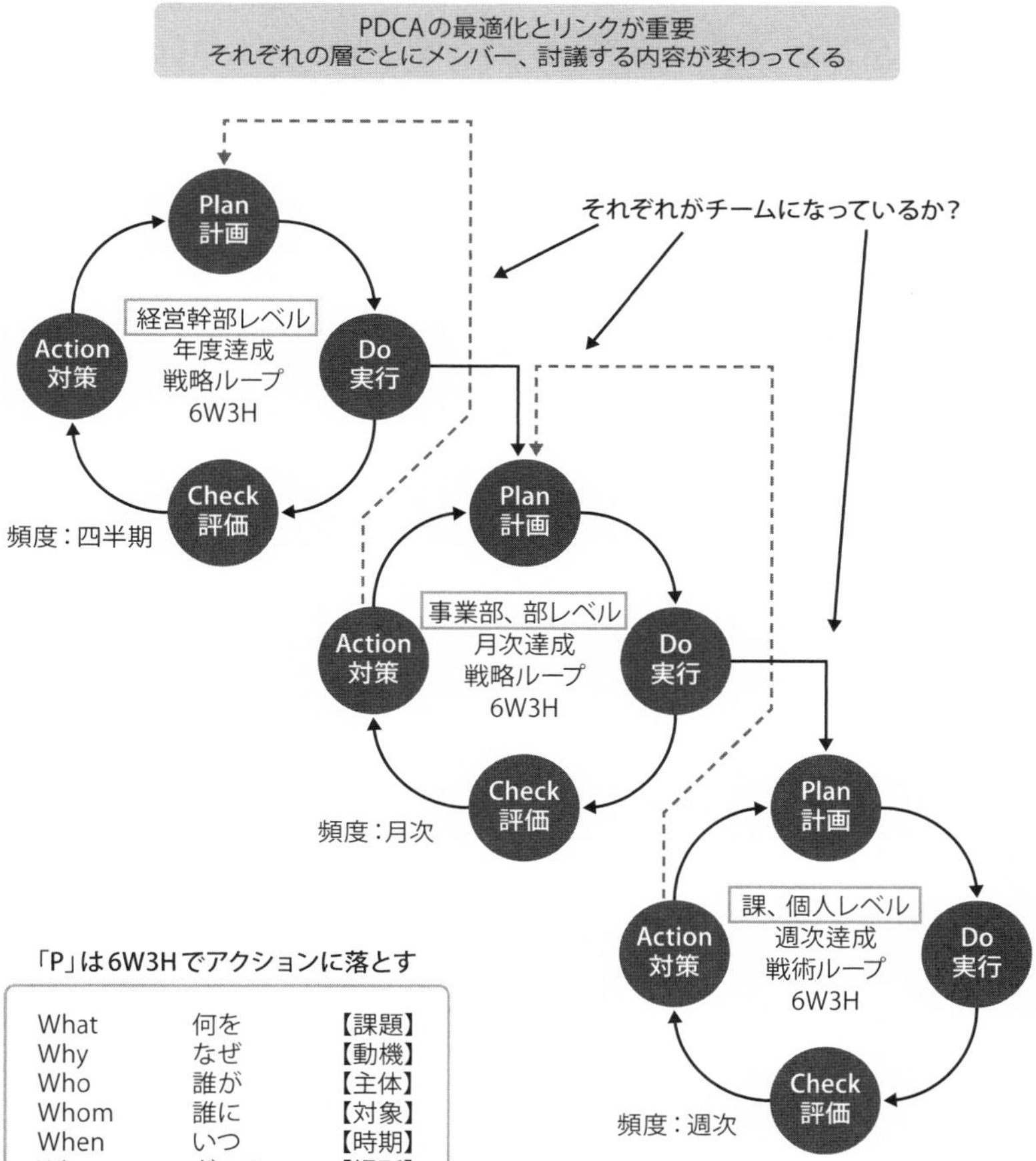

「P」は6W3Hでアクションに落とす

What	何を	【課題】
Why	なぜ	【動機】
Who	誰が	【主体】
Whom	誰に	【対象】
When	いつ	【時期】
Where	どこで	【場所】
How	どのように	【手段】
How many	どのくらい	【規模】
How much	いくら	【費用】

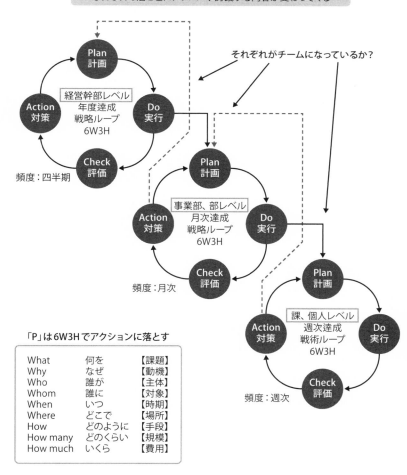

土台づくりの手順4：業務の仕組みをつくる（欠かせぬIT活用）

手順1、2、3を実行していくには、社員が目標を意識して動けること、動きやすくすること、つまり業務の標準化が前提で、それを業務の仕組みに落とし込むことが重要です。仕組みなしに会社は動きません。

目先、現場は動いているが、属人的なパワーに依存しており、業務ノウハウの蓄積ができていないケースがよくあります。さらに標準化していないと、担当者不在時に業務が回らなくなる、新人の教育ができない等、多くの問題が発生します。

●標準化とは何か

標準化については、次のような定義があります。

・何もしなければ多様化・複雑化し、無秩序になってしまう事柄について、秩序が保たれる状態を実現すること（日本規格協会）

・実在の問題又は起こる可能性がある問題に関して、与えられた状況において最適な秩序を得ることを目的として、共通に、かつ、繰り返して使用するための記述事項を確立する活動（JIS Z 8002）

・相互運用のための広く合意されたガイドライン（Wikipedia）

標準化した手順で活動すれば、ある一定の確率で成果を享受できることが、標準化の目的と考えます。

つまり、「誰が業務を行っても、同じように作業ができるよう、作業方法を統一し、今どの作業をしているのかを、誰にでも理解できるようにしておくこと」です。そのことで、抜け漏れや重複が起こりにくくなり、ミスの防止にもつながります。また、やり直しや修正にかかる時間の削減にもなります。

日常のビジネスの中ではどんなことが標準化の対象になるでしょうか。例えば、

・業務プロセス（流れ）
・各プロセスで使われる書類様式、部品、ツール
・加工が伴う場合の手順、品質基準
・新人教育、課長教育、部長教育等々の人材育成の標準化

現場の業務だけではありません。経営の土台をつくるための「会社に求められる

力」も標準化の対象であり、重要な部分になります。

業務の仕組みづくりの際、競合に打ち勝つために、もはやＩＴ活用を避けて通れません。

標準化されていない業務をＩＴに落とすことはできません。繰り返しになりますが「標準化ありきの会社の成長」です。

●ＩＴ導入とともに標準化された業務の仕組みをつくる

では、業務の仕組みはどうやってつくればよいか。以下にその手順を示します。

(1)　現状分析を行います。全社の業務の棚卸をして、標準化すべき業務の優先度を決め、順番に進めます。

筆者がよく使う、業務の棚卸に役立つフォーマットの一例をご紹介しましょう。「図表1－7：業務の棚卸フォーマット」をご覧ください、

①中心の「九つのマス」さらに中心のマスに、この会社の業務機能全体を表す言葉を入れます。筆者がコンサルする場合は、「継続的収益性の確保」をお薦めしています。

②中心の「九つのマス」を業務レベル1として、全社の機能を9個のマスに入れます。

③中心の周りに8個の九つのマスが準備されています。ここを業務レベル2と呼びます。例えば、レベル1の上部の「マーケティング／商品開発」はどんな業務機能からなるか、真上の九つのマスの中心に「マーケティング／商品開発」をコピーし、レベル2として「マーケティング／商品開発」を入れます。

④レベル2の「マーケティング／商品開発」の周りに、その一段下の業務機能を入れて行きます。

⑵　標準化する業務の優先度をつけます。優先度付けは、「緊急度」「重要度」を見ながら成果の出やすいものから取り組む、すぐできるものから取り組むなど、協議して決めます。コスト削減優先か、納期遵守優先かも優先決めの条件となることがあります。

⑶　選択した業務の「業務フロー」を描きます。色々な描き方があります。会社でなじんだやり方で良いでしょう。工程ごとに、その遂行は、誰ができるか、その

を効果的に行うために使用

受注	材料手配	生産指示
モニタリング	**営業**	出荷在庫管理 ・トラック手配 ・外部倉庫管理
	買掛管理 （買掛請求 チェック）	顧客管理 クレーム対応 顧客別売上管理 欠品対応

生産予測 ・既存品生産予測 ・新商品生産予測	原材料購買 資材発注	要員手配 派遣手配
モニタリング	**生産管理**	生産実績管理
生産性管理 ・生産合理化手法 ・作業研究 ・IT 活用による 生産性向上	設備計画 ・新規計画 ・保全計画	原価管理 （含む標準原価 計算書整備）

工程計画 ・組替え ・要員配置計画	要員配置 作業指示 出退勤管理	製造作業 危害記録
モニタリング	**製造**	生産実績管理 （製造タイム テーブル）
在庫管理 出荷作業	設備管理 ・設備保全 ・治工具管理	現場改善

図表1－7　業務の棚卸＆業務設計フォーマット

Diamond Mandala Matrix（DMM）：機能構成図の例　機能の抽出

中長期経営 計画	年度経営計画	改善計画策定	マーケティング リサーチ	商品企画 ・試作 ・提案 ・採算性予測	新商品 量産設計 ・自社内試作 ・原価計算 ・製造工程設計 ・原材料調達計画
モニタリング	経営企画	投資計画 （人、物、金）	モニタリング	マーケティング 商品開発	生産立ち上げ ・生産ライン 組立
設備計画	経営計画 周知徹底	組織計画	顧客別採算管理		
中長期経営 計画レビュー	年度経営計画 レビュー	改善計画 レビュー	経営企画	マーケティング 商品開発	営業（受注） ・材料手配 ・顧客対応
モニタリング	モニタリング	投資計画 （人、物、金） レビュー	モニタリング	○○社 継続的 収益性確保	生産管理 ・生産計画、材料管理 ・投入人員計画 ・設備管理、実績管理
設備計画 レビュー	経営計画 周知徹底 レビュー	組織計画 レビュー	経営資源管理 （人、もの、金、 情報）	品質管理	製造 ・工程管理 ・品質管理 ・実績報告
売上 売掛・買掛管理	人事・給与管理	損益管理	品質計画	検査業務	教育訓練
モニタリング	経営資源管理 （人、もの、金、 情報）	資金繰り管理	モニタリング	品質管理	クレーム対応 （エンドユーザ）
	知識・情報管理	情報システム 管理	HACCP 対応	トレーサビリティ	作業者管理 ・安全衛生

人がいない時の影響などを書きます。作業頻度、難易度なども見ておきましょう。

(4)　効率化する点はないかなど検討し業務の流れを変えたり、各工程の手順を見直すなどし、標準化作業を進めます。

ここで、IT化したら、どうなるかの検討を必ず行ってください。場合によっては、ある工程は不要になるかもしれません。

「図表1－8：業務の流れと情報・データの流れ」を参考としてご覧ください。

この表では、横軸に業務の流れ、縦軸に担当部署となっています。それぞれの業務の工程でどこから、情報・データを得て、それをどう加工して、それをどこに渡しているか。渡し先は、次の工程であったり、管理部門であったり、またはIT（パソコン、サーバー、ネットワーク）への格納かもしれません。

格納された情報・データは、各部署が必要に応じ参照・加工することができるようになります

(5)　最後は、マニュアル、手順書に落とし財産としてください。一度マニュアル

化したら終わりではありません。問題が発生したごとに、あるいは定期的に見直しマニュアルを更新して行きましょう。

業務の仕組みづくりには、ＩＴ活用が欠かせなくなっています。現状、残念ながら、日本はＩＴ活用のレベルは世界に大きく後れを取っています。その結果、生産性は世界で毎年22位あたりです。第４章で触れるＤＸの世界はさらに厳しいとの調査もあります。コロナ禍で国のＩＴ化の遅れも明らかになってきました。国を挙げて取り組むべき喫緊の課題となっています。

いまだに、紙、ＦＡＸベース、個人のＥｘｃｅｌベースの仕事だとすると、上司・部下間、また部門間の情報・データの共有に時間を要します。また、情報・データの精度が低くなり、業務のやり直し、納期遅れ等が発生します。ＩＴ化の進んだ企業との差は歴然としています。コスト競争力の点では、競合価格に耐えられなくなっていきます。

ＩＴ化の遅れは、実は先に述べた「業務の標準化」の遅れに起因しています。ＩＴは決められたことを決められたように速く、正確にこなすのが得意です。「業務の標準

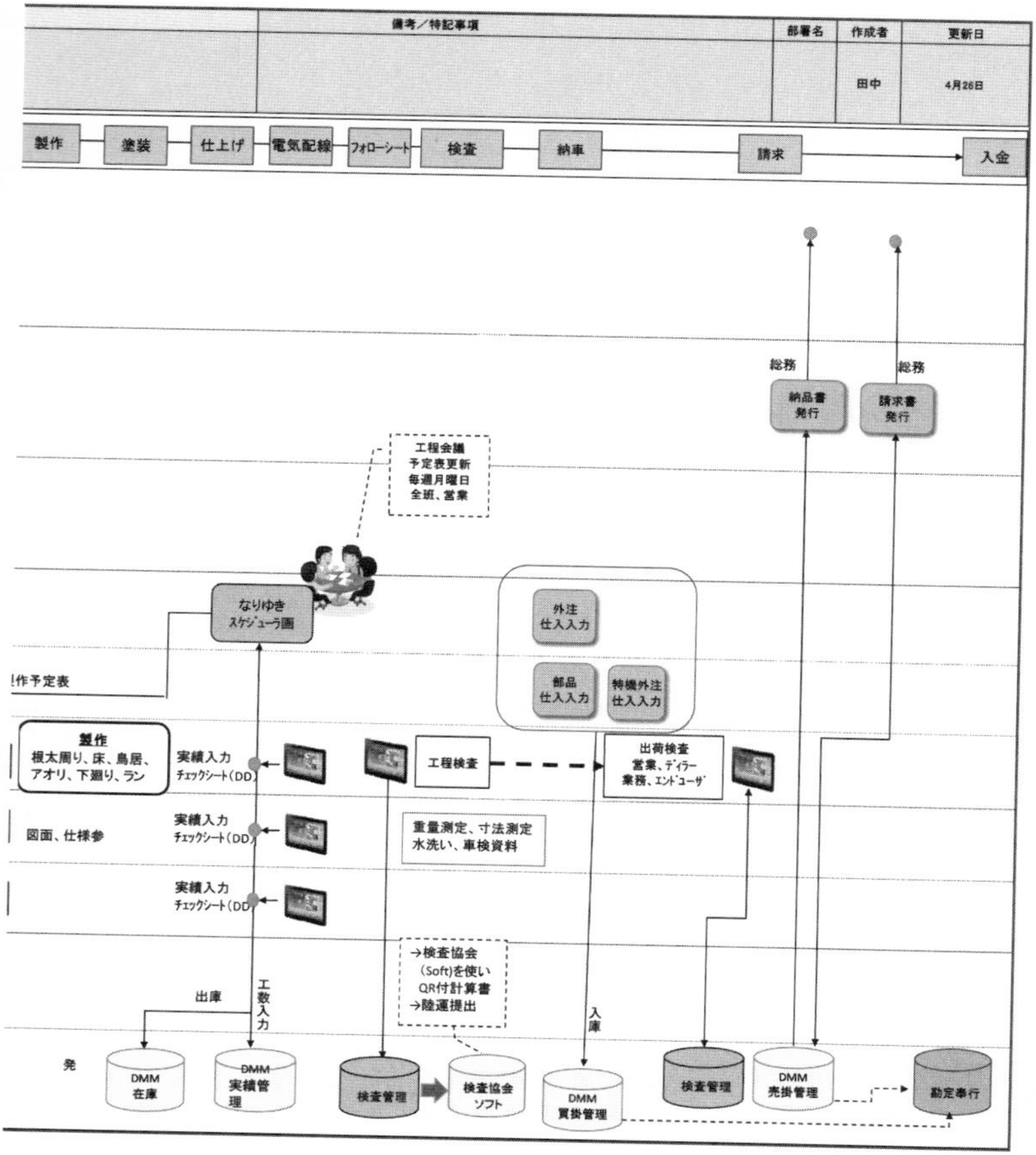

備考／特記事項
部署名
作成者
更新日
田中
4月26日
製作
塗装
仕上げ
電気配線
フォローシート
検査
納車
請求
入金
総務
納品書発行
総務
請求書発行
工程会議
予定表更新
毎週月曜日
全班、営業
なりゆき
スケジューラ画
外注
仕入入力
部品
仕入入力
特機外注
仕入入力
作予定表
製作
根太周り、床、鳥居、アオリ、下廻り、ラン
実績入力
チェックシート(DD)
工程検査
出荷検査
営業、ディラー
業務、エンドユーザ
図面、仕様参
重量測定、寸法測定
水洗い、車検資料
→検査協会
(Soft)を使い
QR付計算書
→陸運提出
出庫
工数入力
入庫
発
DMM
在庫
DMM
実績管理
検査管理
検査協会
ソフト
DMM
買掛管理
検査管理
DMM
売掛管理
勘定奉行

図表1－8　業務の流れと情報・データの流れ(例)

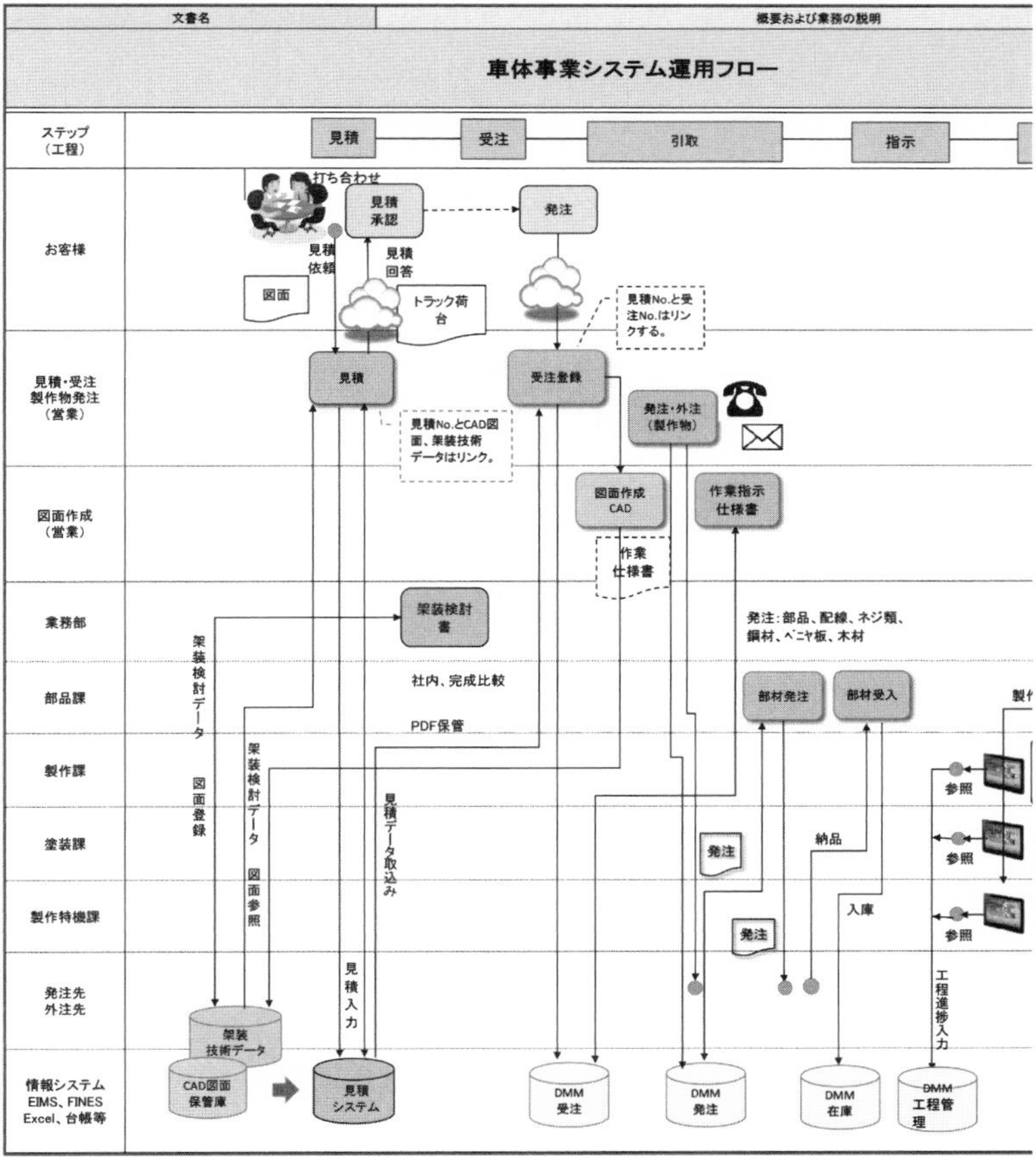
文書名
概要および業務の説明
車体事業システム運用フロー
ステップ（工程）
見積
受注
引取
指示
お客様
打ち合わせ
見積承認
発注
見積依頼
見積回答
図面
トラック荷台
見積No.と受注No.はリンクする。
見積・受注 製作物発注（営業）
見積
受注登録
発注・外注（製作物）
見積No.とCAD図面、架装技術データはリンク。
図面作成（営業）
図面作成 CAD
作業指示 仕様書
作業 仕様書
業務部
架装検討書
発注：部品、配線、ネジ類、鋼材、ベニヤ板、木材
部品課
社内、完成比較
PDF保管
部材発注
部材受入
架装検討データ
図面登録
架装検討データ
図面参照
見積データ取込み
製作課
参照
塗装課
発注
納品
参照
製作特機課
発注
入庫
参照
発注先 外注先
見積入力
工程進捗入力
情報システム EIMS、FINES Excel、台帳等
架装 技術データ
CAD図面 保管庫
見積 システム
DMM 受注
DMM 発注
DMM 在庫
DMM 工程管理

＊著者作成図の画像データ

化」の遅れがあると、決められていないことが多く、ピカピカのＩＴを入れても動きようがありません。

中小企業のＩＴ化をスピードアップするには、すなわち業務の標準化を推進するということになります。

筆者はＩＴ導入のお手伝いをしてきましたが、ＩＴを導入して効果を上げられる会社は業務の標準化ができています。どんなＩＴを入れるかの前に、業務の標準化に取り組んでいないと、その時間分、結果が出るタイミングが遅くなるわけです。標準化の遅れ→ＩＴ導入の遅れ→結果の遅れとなります。

遅れたＩＴ活用を世界レベルにもって行くためにも、仕組みづくりのスピードを上げましょう。ここが勝負です。

図表1－9はビジネス競争力を診断する指標「ビジネス競争力診断表」です。経営を形作る8つの力を示しています(各指標を6段階で評価)。

企業の成長は、「経営の仕組み」及び「現場業務の仕組み」のレベルが上がることで実現します。ＩＴ導入に際しては、この図を見ていただくと、業務標準化すべきポイントと進めるべきＩＴ導入の方向性が見えてくるはずです。

目標から仕組みづくりの行動計画作成について触れてきました。まとめると次のようになります。「図表1－10：目標を行動計画に展開する力を育てる」をご覧ください。ＰＤＣＡそれぞれの段階での注意点、先人の知恵などを交えて描いてみました。

各段階で重要なポイントは以下となります。

Ｐの段階：考えて、考えて、考え抜く（松下幸之助）

Ｄの段階：すぐやる、必ずやる、できるまでやる（永守重信）

Ｃの段階：失敗は叱責の対象にならない

Ａの段階：やり方、考え方を見直し次の一手を明確に

ＰＤＣＡを回すには、「やり抜く力」が必要です。

図表にあるように、例えば稲盛和夫氏の人生・仕事の結果は「考え方×情熱×能力」、そして、Ａ．ダックワース氏は、やり抜く力は「情熱×努力」としています。いずれにも「情熱」が入っていますね。社員の「情熱」、「やる気」は、優れた上司の下で生まれます。

	レベル2	レベル3	レベル4	レベル5
	経営戦略は策定、関係者への周知プロセスが未定着	経営戦略から、実績レビューまでのプロセスが定着	戦略策定に情報、実績結果を継続的に経営変革へ連動	戦略策定に情報を活用し、新ビジネスモデルへ挑戦
	年度経営計画に指標は設定しているがCheck、Actionがない	経営計画と計数管理が連携されPDCAが回っている	リアルタイムな計数管理	計数を分析し経営計画の見直しができている
	組織能力向上施策があるが、施策実行は個人直感に依存	組織能力向上プロセスが明確、それに基づいた実施	プロセスが定義され、変化に機敏にかつ柔軟に対応できる	人材・組織開発の仕組みが継続的に見直されている
	部分的に文書化された業務の流れ	全社的に文書化された業務の流れ	モニタリングできて改善のサイクルが回っている	手順が最適化され常に業界TOPレベルを維持している
	社内で統合化されていない情報システム	社内統合情報システム	社内外情報共有	ネットワーク経由で企業内外との情報・データ交換ができている
	IT兼務者によるITインフラ管理とIT知識の普及	IT管理者によるITインフラ開発と全社のIT活用支援	IT戦略企画人材	高度のIT経営人材
	部分的に共有された電子情報活用	全社で統合された情報システム活用	知識共有が実現した電子情報活用	企業間で共有された電子情報活用
	収集されているが、共有されていないマーケティング情報	マーケティングプロセスは定義されている	企業知識ベースを活用したマーケティング活動	全社ビジネス活動とマーケティング活動が融合し最適化されている

出典：ITコーディネータ協会の「ビジネス競争力診断表」から抜粋加筆

図表1－9　ビジネス競争力診断表－経営基盤編

ビジネス競争力レベル	レベル0	レベル1	
①経営戦略力	経営戦略を具体的に示す必要性を感じていない	中長期視点で取組む必要性は理解、但しその場限り	
評価			
②経営計数管理力	経営計数管理概念なし	その場限りの経営計画と計数管理	
評価			
③人材と組織力	個人中心の活動	組織としての動きはあるが、その場限り	
評価			
④業務基盤力（業務の標準化）	文書化されていない業務の流れ	その場限りの業務の流れの文書化	
評価			
⑤IT基盤力	ITインフラなし	ネットワーク接続されていない単独パソコン	
評価			
⑥IT人材力	ITに興味を持つ人が少ない	個人ベースのIT知識	
評価			
⑦IT利活用力	紙ベースの情報利用	個人レベルのExcel活用	
評価			
⑧マーケティング力	マーケティング活動が意識されていない	その場限りの情報収集、その場限りの対策	

図表1－10　目標を計画行動に展開する力を育てる

全社の目標から部門の目標、そして部、課の目標へ、さらに個人の目標へリンクし
組織で、階層的にPDCAを回していこう

	活動内容	留意点
Plan	・良く考えて企画・仮説を立てる **考えて、考えて、考え抜く** （松下幸之助） ・6W3Hで考える	・正しい「P」の作法に則ることで、「C」が可能になる ・PDCAを指導する上司は部下に目標を押し付けず、挑戦的な目標を立てる指導をすること **やってみせ、言って聞かせて、させてみて、ほめてやらねば、人は動かず**（山本五十六） ・目標が重要、目標がないと「C」ができない
Do (Action)	・「P」に基づき確実に（実践力） **すぐやる、必ずやる、出来るまでやる** （永守重信）	・Pに基づき確実に実践しないとCができない ・上下、他部署との協力関係が無いと成果が限定的
Check	・結果を検証する。	**・まずは「ほめる」「感謝する」** ・Pのどこに読み違いがあったのかを明らかにする。 **・失敗は叱責の対象にならない** ・失敗で得られた事と修正の方向性を明確に
Action (Adjust)	**・やり方、考え方を見直し次の一手を明確に**	・同じやり方からの脱却、「3人の文殊の知恵」が必要 ・業務の進め方、新技術の挑戦を果敢に！

組織も個人もPDCAを回しながら「実践力」を高め、そしてスパイラル上に
経営力をアップし、合わせて、己も高め自分の人生を豊かにする

【参考】人生・仕事の結果＝考え方×**情熱**×能力　　稲盛和夫京セラ名誉会長
やり抜く力（GRIT）＝**情熱**×努力　　アンジェラ・ダックワース

●土台づくりへの手順5：仕組みを回す基盤、人と組織

「変わるための土台、5つの基本手順」の解説では、人の育成の話がいくつか出てきました。

筆者がお手伝いしてきた企業においても、ピカピカの仕組みができて、ピカピカのＩＴも入った。でもＩＴが動かない、定着まで2年、3年かかる、ということがありました。

一般には、導入した機能の半分は使いこなせていない。中には大枚をはたいて導入したＩＴがお蔵入りすることもあります。

なぜそうなるのでしょうか？

手順4で述べた標準化ができているか否かに加え、人材が、企業を取り巻く環境の変化について行けていないことが原因です。

●ＰＤＣＡを回せる人材はいるか？

１９９０年時代、Japan as No.1と言われた時代、標準化されたやり方で朝から晩まで働き汗を流して築いてきたNo.1はどうなったのでしょうか。企業を取り巻く環

境は大きく変わり、その当時の標準では通用しなくなってきました。ＰＤＣＡがしっかり回っていれば、環境変化に応じて標準そのものが見直され、新たな取り組みが進むはずですが、標準は変わらず、働き方も変わらず。つまりＰＤＣＡが本当の意味で回っていませんでした。

今、世界と闘っていけるでしょうか。

言い方を変えると、社員一人ひとりが自立していない。言われたことはしっかりできる職人はいるが、新たな課題が出て来たときに自分で考え、自分で計画し、自分が動き、刈り取り、次に向かって改善できる人材（ＰＤＣＡが回せる人材）が少ないということです。思い当たることはないでしょうか。

部課長クラスもまだまだなのですから、その部課長に部下を指導しろと言っても無理です。会社の土台づくりでは、「人を育てる」ことを必須手順として認識し、時間を使って実行していきます。

規模によっては社長自らすべての社員を指導することもできますが、組織を育てることを意識し、まずは社長がナンバー2を育てましょう。彼が部課長を育て、部課長が部下を育てる、この回転をあたり前の世界にしましょう。

ナンバー2への期待はどんなところにあるでしょうか。それぞれの社長によって異なってもかまいませんが、その期待を、ナンバー2あるいは候補者にしっかり伝えましょう。

参考までに筆者の考えるナンバー2への期待は以下となります。

【参考】筆者が考えるナンバー2への期待

・会社が利益を生むための自分の責任を自覚している
―改善マインド、チャレンジ、失敗から学ぶ―
・自分の家族と同様に仲間、上司、部下の一人ひとりを大事に考えている
・自分は上司、仲間、部下に見られていることを常に意識している
・PDCAのステップを熟知し問題解決のリーダーシップが取れる
・人生に言い訳をしない、自分に打ち勝つことの大切さを知っている
・そして、毎日、いきいきと仕事を楽しんでいる

これを踏まえるとナンバー2の役割は大きく次の3つになります。

①会社の戦略目標に向けての任務遂行

②チームづくり
③部下の育成

① 会社の戦略目標に向けての任務遂行
「変わる」ための土台づくり、5つの基本手順の手順4―仕組みづくりのリーダーシップが取れること

② 課がチームになる、部がチームになる、会社全体がチームになるにはナンバー2の大きな役割のひとつが以下の実現です。それは①の仕組みができていることが前提です。

・会社の目指すことが、部門の目指すことへ、さらに部、課へ、そして個人へ結びついていること（チームは、個人は、何を目指して活動するのか）
・社員のやる気は、上司、仲間との良好なコミュニケーションからナンバー2の大事な役割です。仕組みができていても、ここが不十分だと仕組みは動きません。特に、ＩＴ導入したにもかかわらず動かないのは、ここに起因しています。

③　部下の育成

まさにコーチングの哲学「信、認、任」です。

信　：「人間の可能性を信じる」、「上司・部下関係の信頼関係を築く」

認　：「相手の良いところを見て、心にとめる」

任　：「適材適所で任せる」、「任せて任せず」

上司としての意識変革が必要です。

・優れた人材獲得は、顧客獲得より困難、だから「働く人が一番大事」、育てるしかない。

・部下の能力を引き出し、前進をサポートし、自発的に行動することを促す。

・経営幹部、部課長がコーチングのスキルを活用し、日常のマネジメントの中で、業務目標を達成しつつ、部下・後輩の指導育成に取り組む。

社長、経営幹部を含む、部下を持つ人は、コーチングのプロになれとは言いませんが、その基本的な考え方は理解し部下を育てて下さい。考え方を知るだけで、上司の行動は変わり、効果も出てきます。参考文献を巻末に記しています。

●人材育成への基本的なスキル

一言でいうとコミュニケーション力です。

傾聴力

・良く、「聞く↓聴く」と言われます。耳で聞くのではなく、心で聞く。
・話すより聴く、相手の心情を考えながら話す、相手の表情を確認しながら話を進める。

質問力

部下の中にある答えを引き出すために、コミュニケーションの型を使い分けします。

①指示・命令型コミュニケーション（特定質問、過去質問、否定質問）

支配・従属的な人間関係（上司本位のマネジメント）になりがちで部下が依存的になります。指示されたこと以外はしない、失敗しても責任を感じないということになりかねない面があります。

でも、大事なことを決める場合は必要です。

例えば、

・特定質問：考えなくても答えられるような質問

「今日の外出はあるの？」　はい。いいえのどちらかの答えしかない

・過去質問：過去型の言葉を含む質問

部下の意識を過去に向けさせる。

「どうだったのか？」　責められている感じ

・否定質問：否定型の言葉を含む質問

「どうして、うまくいかないのか」　叱責の感じ、暗い感じ

②質問型コミュニケーション（拡大質問、未来質問、肯定質問）

部下本位のマネジメント作りに有効で、組織がその持てる能力や可能性を最大限に発揮できることを目指します。

部下が創造的思考になる、主体的に行動ができる、自分で決め、自分で成果を感じ自信を持つことができるように持っていきます。

例えば、

・拡大質問：考えないと答えられないような質問
「今日はどんな予定？」　答えは複数、考えて選んで答える必要がある
・未来質問：未来型の言葉を含む質問
「これからどうするの？」　部下の意識を未来へ向かわせ自分で考えるようにする
・肯定質問：肯定型の言葉を含む質問
「なるほど、ではどうするの？」　拡がりがある、明るい感じ

相手を認める力

相手の良いところ見て、心にとめる。それには、「観察能力」「伝達能力」が問われます。

・観察能力
部下の仕事ぶりをよく観察して、一人ひとりの多様な持ち味、強み、長所、進歩、成長などをこころにとめる
・伝達能力
「細かい事実」や「わずかな成長」に気付いて、そこをほめる

例えば、

・今日のクレーム対応は良かったね。あんな感じで行くとお客様の信頼がより増すね
・もうできたのか！　はやい！　しっかりと段取りができるようになったね
・たしかにそういう考え方はあるね。いいね。で、こんな考え方はどうだろう
・いいアイディアだね、一度整理して、具体的計画にしてみようか

以上、「部下の育成」に関し、お伝えした内容は、社長を含む経営幹部、部課長の部下を持つ方には、一度じっくり考えてみることをお薦めします。

3　顧客視点のマーケティング分析から戦略立案へ

「会社の土台づくり、5つの基本手順」で示した顧客視点のマーケティング分析の結果を活用するにあたり、さらに競争優位に立つ戦略立案の手法を紹介します。以下に示す最近、提言された手法が使えます。多くの手法から筆者の選んだ3つの手法を紹介します。

(1)　ビジネスモデル・キャンバス（アレックス・オスターワルダーとイヴ・ピニュール）
(2)　戦略ストーリー（楠木建 ― 一橋大学・大学院教授）
(3)　ブルー・オーシャン戦略（W．チャン・キム＋ルネ・モボルニュ）

(1)　ビジネスモデル・キャンバス

●ビジネスモデルとは

ビジネスモデルとは、「どのように価値を創造し、顧客に届けるのかを論理的に記述したもの」（『ビジネスモデル・ジェネレーション』：アレックス・オスターワルダーとイヴ・ピニュール著、翔泳社）となります。この現状の確認と革新モデルの創成は筆者のいう「経営の土台づくり」の手順2の重要な部分になります。「顧客は誰なのか?」「顧客に提供する価値は?」「どのように顧客に届けるか?」「どのようなリソースで運用するのか?」「パートナーは誰か?」「どのように収益をあげるのか?」、「どのくらいコストがかかるか?」などを描いたものです。社長の頭の中だけでなく、「描く」ことが重要です。

既存事業のビジネスモデルの優位性や弱点を発見するツールとしての活用、新規事業を立ち上げる時、ビジネスモデルの構築のための検討ツールとしての活用が考えられます。

●ビジネスモデル・キャンバスとは

社内外の関連者が、そもそもどうやって収益を上げて行くのかを共有するために、分かりやすい描き方が必要です。これまでにいろいろな表現がありましたが、以下に示す「ビジネスモデル・キャンバス」(『ビジネスモデル・ジェネレーション』より)の描き方がわかりやすいのでお薦めします。

キャンバスの枠を大きく分けると、真ん中にVP(価値提案)があり、右側には収益をどう上げるかを記述し、左側はそのためにかかるコストを記述します。

筆者がお手伝いした企業で、ビジネスモデルを描いているところは多くはありません。社長の頭にはあるのだが、描けていないため、事あるごとに社長にお伺いを立てないと進められないか、人により、バラバラな理解で異なる方向に進んでいる可能性があります。社員が自立し、自ら課題解決、さらに変革を進める上で、是非ここで紹介するビジネスモデル・キャンバスを描き、全社共有し、ベクトル合わせをしてください。

図表１－11は筆者が代表の㈱東京ＩＴ経営センターのビジネスモデル・キャンバスです。

まず、現状の姿を描き、それをどう変えていくかの目指す姿を描きます。まだまだ、ＶＰのところの表現が甘いなと筆者自身、感じています。作成の際は、以下の順番で考えると進めやすいです。ＣＳなどの項目名は図を参照しながらご覧ください。

①　ＣＳ(Customer Segments)の定義

先のマーケティングの解説で述べたＳＴＰ(Segment, Targeting, Positioning)分析の結果を参考に表現します。

図表1－11　ビジネスモデル・キャンバスの例：東京IT経営センター（TIMC）フリーミアム

戦略策定支援グループコンサルは無料、その他は有料

KP（キーパートナー） ＊⑧
- コンサルタント連携
- ITベンダー連携
- 支援機関連携
- 金融機関連携

KA（主な活動） ＊⑥
- 顧客開拓
  - マーケティング
  - 営業活動
- 講演・セミナー・研修講師
- コンサルティング
- 外注管理
  - コンサル
  - ITベンダー

KR（主なリソース） ＊⑦
- ナレッジ
- コンサル実績（ブランド）
- オンライン 動画撮影スタディオ設備

VP（価値提案） ＊②

「変わる」ために、
- ビジネスモデル見直し・再構築ができる
- 新ビジネスモデル戦略策定から具現化できる
- IT戦略を策定できる
- ITソリューションの選択・導入ができる

CR（顧客との関係・維持） ＊③
- フリーミアム
  オンラインセミナー
  オンラインビジネスモデル研究コミュニティ
  オンライングループコンサル
- 個別コンサル契約
  戦略策定支援
  業務変革支援
  IT導入支援
- グループコンサル（安価）
- アフターフォロー（顧問契約）

CH（チャネル） ＊④
- セミナー／研修
  金融機関連携
  支援機関連携
- 人脈
- TIMCパートナー
- ITベンダー

CS（顧客セグメント） ＊①
- 経営のPDCAが回っていない企業
- 過去の儲けの仕組みでは生きて行けなくなりつつある企業
- IT導入したいがどうして良いかわからない企業

CS（コスト構造） ＊⑨
- 販促費
- 外注費
- 管理費
- 一般経費

RS（収入の流れ） ＊⑤

無料コンサル（1：N）
コンサル報酬
講師代（講演、セミナー、研修）
ソリューション導入支援費

＊の番号は本文での解説番号です

＊東京ＩＴ経営センターの場合
・経営のＰＤＣＡが回っていない企業
・過去の儲けの仕組みでは生きて行けなくなりつつある企業
・ＩＴ導入したいがどうして良いかわからない企業

②　ＶＰ（Value Propositions）
ＶＰは「価値提案」と訳されています。参考まで以下お二人の定義を紹介します。
・「顧客に提供する価値の本質を凝縮して表現したもの、それがバリュープロポジション」。「本当のところ誰に何を売るのか」に対する答え（一橋大学の楠木建教授）
・「自社だけが提供でき、他社が提供できないお客様が求める価値。つまりお客様が買う理由」（マーケティング戦略アドバイザー　永井孝尚氏）
提案によって、顧客の抱える問題を解決したり、ニーズを満たします。マーケティングのところで述べた「顧客目線」の具現化の手法となります。

ここが結構、難しいところで、『ビジネスモデル・ジェネレーション』の著者らが、ＶＰだけの進め方について、別冊で解説本『バリュー・プロポジション・デザイン』（Alexander Osterwalder&Yves Pigneur&Gregory Bernarda&Alan

Smith著　翔泳社）を出しています。一読に値するのでお薦めします。

＊東京ＩＴ経営センターの場合
企業が「変わる」を応援するために、
・ビジネスモデル見直し、再構築支援
・新ビジネスモデル・具現化に向け、戦略策定支援から行動計画作成まで
・ＩＴ戦略策定支援
・ＩＴソリューション導入（紹介・選択支援、導入支援）

ＣＳ、ＶＰが、戦略立案の重要かつハードルの高いところです。筆者も、もっと研鑽しわかりやすい手法の解説版を上梓できないかと考えています。

③　ＣＲ（Customer Relationships）

ＣＳ、ＶＰが見えてきたら、顧客との関係をどう構築し維持するか、どう顧客を獲得し、維持するかを考えます。会員制、インターネット上での自動化された顧客関係の維持等が、ビジネスモデルの重要な要素となっています。

＊東京ＩＴ経営センターの場合
・フリーミアム（無料サービス）

オンラインセミナー、オンライン・ビジネスモデル研究コミュニティ
・グループコンサル（参加費安価）
・個別コンサル契約（有料）
戦略策定支援、業務変革支援、ＩＴ導入支援
・アフターフォロー（顧問契約後）

④　ＣＨ(Channels)
顧客層とどのようにコミュニケーションし、価値を届けるか、流通・販売などの費用対効果を見ながら決めていきます。次の５つのフェーズごとに考えると考えやすいです。
フェーズ１：認知（製品・サービスの認知をどのようにして上げるか）
フェーズ２：評価（どのようにして提供する価値を評価してもらうか）
フェーズ３：購入（どのようにして、製品・サービスを買ってもらうか）
フェーズ４：提供（どのようにして、価値を届けるか）
フェーズ５：アフターサービス（どのようにして販売後のフォローをするか）
＊東京ＩＴ経営センターの場合
・セミナー／研修

金融機関連携
支援機関連携
・人脈
・TIMCパートナー
・ITベンダー

⑤　RS（Revenue Streams）

顧客からいただく現金の流れを記述します。この収益からコストを引くと利益になります。顧客がどんな価値にお金を払うのか、①～④の設計で収益の流れが決まります。

＊東京IT経営センターの場合
・無料コンサル（1：N）
・コンサル報酬
・講師代（講演、セミナー、研修）
・ソリューション導入支援費

⑥　KA（Key Activities）

ビジネスモデル・キャンバスの右側に示した収益を上げるためどういう活動を

するかを記述します。当然、そこでコストが発生します。
＊東京ＩＴ経営センターの場合
・顧客開拓（マーケティング、営業活動）
・講演・セミナー・研修の講師
・コンサルティング
・外注管理（コンサル、ＩＴベンダー）

⑦　ＫＲ（Key Resources）
ビジネスモデルの実行に必要な資産を記述します。①～⑥を進めるために、リソースが無ければ、価値を生み出すことも、収益を上げることもできません。
＊東京ＩＴ経営センターの場合
・ナレッジ（コンサルビジネスに必要な知見）
・コンサル実績（ブランド）
・オンライン動画撮影スタディオ設備

⑧　ＫＰ（Key Partners）
社外から調達されるサービスです。自社だけで、リソースを所有し活動するのは必ずしも利益確保のために有利とは限りません。パートナーとの連携はコス

トを下げるために有効です。

＊東京ＩＴ経営センターの場合
・コンサルタント連携
・ＩＴベンダー連携
・支援機関連携
・金融機関連携

⑨　ＣＳ(Cost Structure)

ビジネスモデルを運営するための重要なコストを記述します。価値を生み出し、届け、顧客との関係を維持し、利益を生み出すのに必要なすべてのコストです。

＊東京ＩＴ経営センターの場合
・販促費
・外注費
・一般経費
ナレッジ獲得コスト(書籍読書、セミナー／研修受講、勉強会、研究会)
・管理費
・オンライン用動画撮影スタディオ設備投資

(2)　戦略ストーリー

ビジネスモデルは「儲けの仕組み」を静止画で表現したもの、そこには、動画的なストーリーが見えません。「戦略ストーリー」では、継続的な利益を上げるための「起承転結のストーリー」の描き方を提言しています。楠木建著『ストーリーとしての競争戦略』東洋経済新報社より、紹介します。図表1－12をご覧ください。これが戦略ストーリーのテンプレートです。

ストーリーを描くことで、戦略に係る人たちが戦略を共有し、自分の仕事がストーリーの中でどこを担当しており、他の人とどう関わり、成果とどうつながっていくかを理解できます。共通の理解を得ることで戦略実効性が高まります。ややもすると絵にかいた餅になりがちな、経営理念、ビジョンを実効性のある戦略、そして具体的なアクションへ落とすことが容易になります。

ここで、忘れてならない点として、楠木氏は「ストーリーを作る前の下ごしらえ」を挙げています。それは、これまで述べてきた「変わるための土台づくり、5つの基本手順」の内の「手順1：まずはゴールとビジョンを描く」、「手順2：顧客の視点で

図表1－12　継続的収益性(ゴール)へ向けた戦略ストーリー

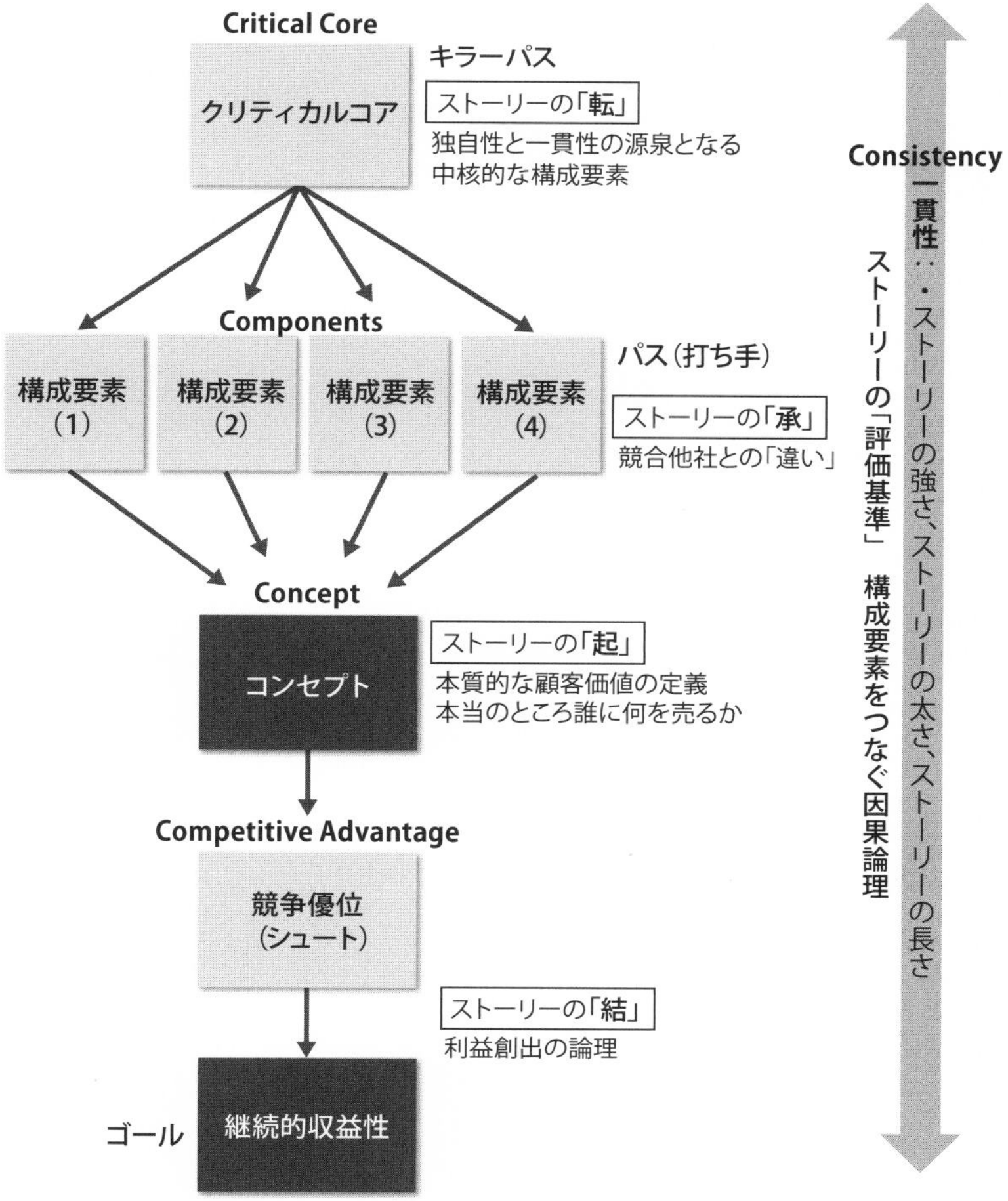

出典:『ストーリーとしての競争戦略』楠木建著

何をするのかを決める」です。この下ごしらえができていての「戦略ストーリー」です。

筆者が代表の東京ＩＴ経営センターの事例を図表1－13に示しました。参考になれば幸いです。

ストーリーの構成は、起承転結に従い、次のように定義していきます。

① 起：コンセプト

先に説明したマーケティング分析から見出した「提供する顧客価値」からスタートします。ゴールに向かって、始まりは、真ん中にある「コンセプト(Concept)」です。戦略ストーリーの起承転結の「起」にあたります。本当のところ、「誰に何を売っていくのか」を表現します。

このコンセプトで、図の下側に示す、ストーリーの「結」ゴールに向けて、強烈なシュートする力「競争優位(Competitive Advantage)」を打ち立てます。このストーリーのコンセプトを実現するためのパス「承」が必要です。

＊東京ＩＴ経営センターの場合

・強靭な企業体質作り支援

図表１－13　例）東京IT経営センターの戦略ストーリー

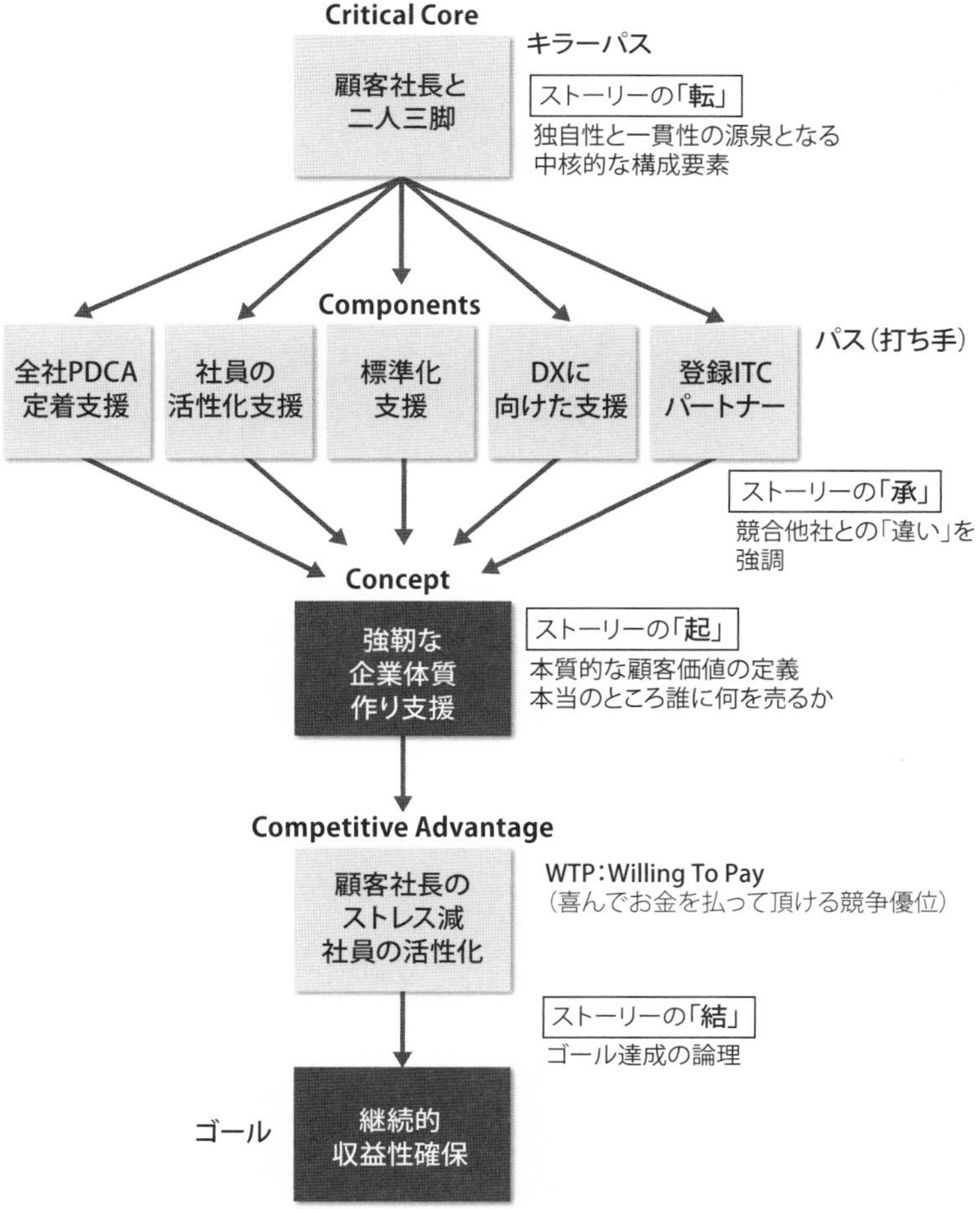

『ストーリーとしての競争戦略』楠木建著の戦略ストーリーを活用

②　承：パス（打ち手）

コンセプトを実現するために意思決定をします。意思決定には二つの視点（SPとOC）があります。これが、他社に対する違いとなります。

SP（Strategic Positioning）は、何をやって何をやらないかの違いを出そうとします。「選択と集中」に近い概念です。競争上必要となるトレードオフを行うということになります。デルのBTO、見込み生産しないがこれにあたります。

一方、OC（Organizational Capability）は「組織能力」の違いを出すものです。競争に打ち勝つには、独自の強みを持つということになります。他者が簡単に真似できず、市場でも容易に買えないもの、すなわち「模倣の難しさ」です。トヨタのトヨタ生産方式がそれにあたるのではないでしょうか。

SPにしろ、OCにしろ、これらの構成要素がつながることで、競争優位が生まれるという考え方になります。

＊東京IT経営センターの場合
・全社PDCA定着支援
・社員の活性化支援
・標準化支援

・DXに向けた支援
・登録ITCパートナー

③　転：キラーパス

「承」のパスの他にキラーパス「転」が必要です。「転」はストーリーの山となります。これは「承」の各構成要素と同時につながりを持ちストーリー全体の中核になります。「転」はストーリーにひねりを利かすもので、一瞬、「非合理」に見えますが、ストーリー全体の中に位置づければ、競合会社が発想しない「強み」の源泉になります。

＊東京IT経営センターの場合
・顧客社長と二人三脚

④　結：シュート

「起」コンセプト、「承」パス、「転」キラーパスはゴールに向けた強力な競争優位を実現するシュートを決めるための物です。

＊東京IT経営センターの場合
・社長のストレス減
・社員の活性化

パスが縦横にきちんとした因果のロジックでつながっているのが優れたストーリーと言えます。この図では、それを「一貫性（Consistency）」と表現しています。これが戦略ストーリーの評価基準となります。次の3つで評価します。

・ストーリーの強さ
・ストーリーの太さ
・ストーリーの長さ

強くて太くて長いストーリーを目指します。

楠木建著『ストーリーとしての競争戦略』では、いくつかの事例があり、参考になります。サウスウエスト航空の例では、コンセプトは「15分ターン」と「低い人件費」です。これを実現するためのキラーパスは「小規模空港間直行便」です。これが国際便を持つ大手の空港会社との違いを出しています。ガリバーインタナショナル、スターバックスの例も参考になるでしょう。

(3) ブルー・オーシャン戦略

もう一つ、「他社や業界の動き」を見ながら顧客視点で考える手法が「ブルー・オーシャン戦略」です。レッド・オーシャンとは、レッド＝赤い血が流れるような激しいコスト競争の市場、ブルー・オーシャンとは、血が流れていない＝未開拓の市場を指します。

レッド・オーシャンを避けて、ブルー・オーシャンを目指す考え方です。

【レッド・オーシャン戦略】

既存市場戦略

・現場レベルの頑張り：コストを押し下げることで競争優位に立つ

・既存の需要を引き寄せる

【ブルー・オーシャン戦略】

未開拓市場戦略

・コストを押し下げながら、顧客価値を高める

・新しい需要を掘り起こす

「レッド・オーシャン戦略」（既存市場戦略）はいずれ価格競争の泥沼となってしまいます。お互いに疲弊し生き残りが厳しくなっていく。そこでフランスの学者Ｗ・チャンキムとレネ・モボルニュが提唱する「ブルー・オーシャン戦略」（未開拓市場戦略）が世界中で注目を浴びました。

手順2の冒頭で述べたように、様々なマーケティング戦略の手法があります。その多くはレッド・オーシャンでの戦略ツールです。

ブルー・オーシャン戦略は競争相手のいない新たな市場の創造を目指すもので、競争を前提としたマーケティング戦略論と異なります。

レッド・オーシャンにおいては、差別化と低コスト化はトレードオフの関係になりがちですが、ブルー・オーシャン戦略では、差別化と低コスト化を同時に実現することを目指します。

新しい需要を掘り起こし、競争のない市場を切り開き、合わせて差別化と低コストを追求するのがブルー・オーシャン戦略です。２つの戦略の特徴比較を図表１－14に示します。

図表1－14　レッド・オーシャン戦略／ブルー・オーシャン戦略比較

レッド・オーシャン戦略	ブルー・オーシャン戦略
既存の市場で競争する （競合企業とのあくなき戦い）	**競争のない市場で切り開く** （新たな利益機会と売上機会を掴み取る）
競合他社を打ち負かす	競争を無意味なものにする
既存の需要を引き寄せる	新しい需要を掘り起こす
価値とコストの間にトレードオフの関係が生まれる	価値を高めながらコストを押し下げる
差別化、低コストどちらかの戦略を選んで、企業活動すべてをそれに合わせる	差別化と低コストをともに追求し、その目的のためにすべての企業活動を推進する

『ブルー・オーシャン戦略』W・チャンキムとレネ・モボルニュ著　ダイヤモンド社より

価格競争に陥らないのはなぜでしょうか。ブルー・オーシャン戦略の考え方の土台に「バリューイノベーション」があります。

バリューイノベーションとは、「市場にかつてない価値を提供して、無駄なコストを省き、低コスト化を実現することで、十分な売上を目指すアプローチ」です。

ブルー・オーシャンを創造するということは、既存の手法にとどまらずバリューイノベーションを実現するということになります。

●ブルー・オーシャン戦略の進め方

　ではどう進めれば良いでしょうか。W・チャンキムとレネ・モボルニュの提唱は「戦略」のみならず、それを実現する「プロセス」と「ツール」を示しています。これが世界中で注目を浴びた点ではないでしょうか。

　実行までのステップを4つに分けて解説します。

ブルー・オーシャン戦略　ステップ①：現状の分析と理解
―戦略キャンバスによる競争構造の分析

　ブルー・オーシャン戦略では、競合が多い既存市場と差別化します。まず現状の分析のため、業界標準、競争相手の現状について価値曲線を描き分析します。図表1－15を参照してください。

　『ブルー・オーシャン戦略』では理容業界が事例として挙げられており、大変わかりやすいので紹介します。日本の一般の理容業界は▲の価値曲線を描いています。これに対し、「QBハウス」は●の価値曲線を描きます。同社は1997年に10分・1，000円（2019年に1，200円に値上げ）、シャンプーなしという独自形態で創業し、2021年には売上約190億円、店舗数580まで成長しています。

図1－15の戦略キャンバスでは、横軸にある価格、予約担当…等々、競争力の要素が書かれています。自社が属する業界において、この要素をどう並べるかが最初の作業となります。

業界、競合の分析を通し抽出しましょう。ここは大変重要なので、時間をかけてかまいません。

競争ポイントの要素を挙げるには、現在進行中のレッド・オーシャンの分析が有効です。どこの部分で激しい競争が行われており、サービスにおいてどの部分が手厚いでしょうか（業界の常識なのか）。

手順2で説明したマーケティングの分析手法ＳＴＰ、４Ｐ、３Ｃもヒントを与えてくれるでしょう。また、競争戦略分析で有名なマイケル・Ｅ・ポーターの５つの競争要因モデル（５Ｆｏｒｃｅ）も有効なツールになるでしょう。

横軸の要素が決まったら、業界標準はどんなカーブか、業界のリーダーはどんなカーブか、自社の現状はどうかを描き現状を把握します。

図表1－15　戦略キャンバスの参考事例「QBハウス」

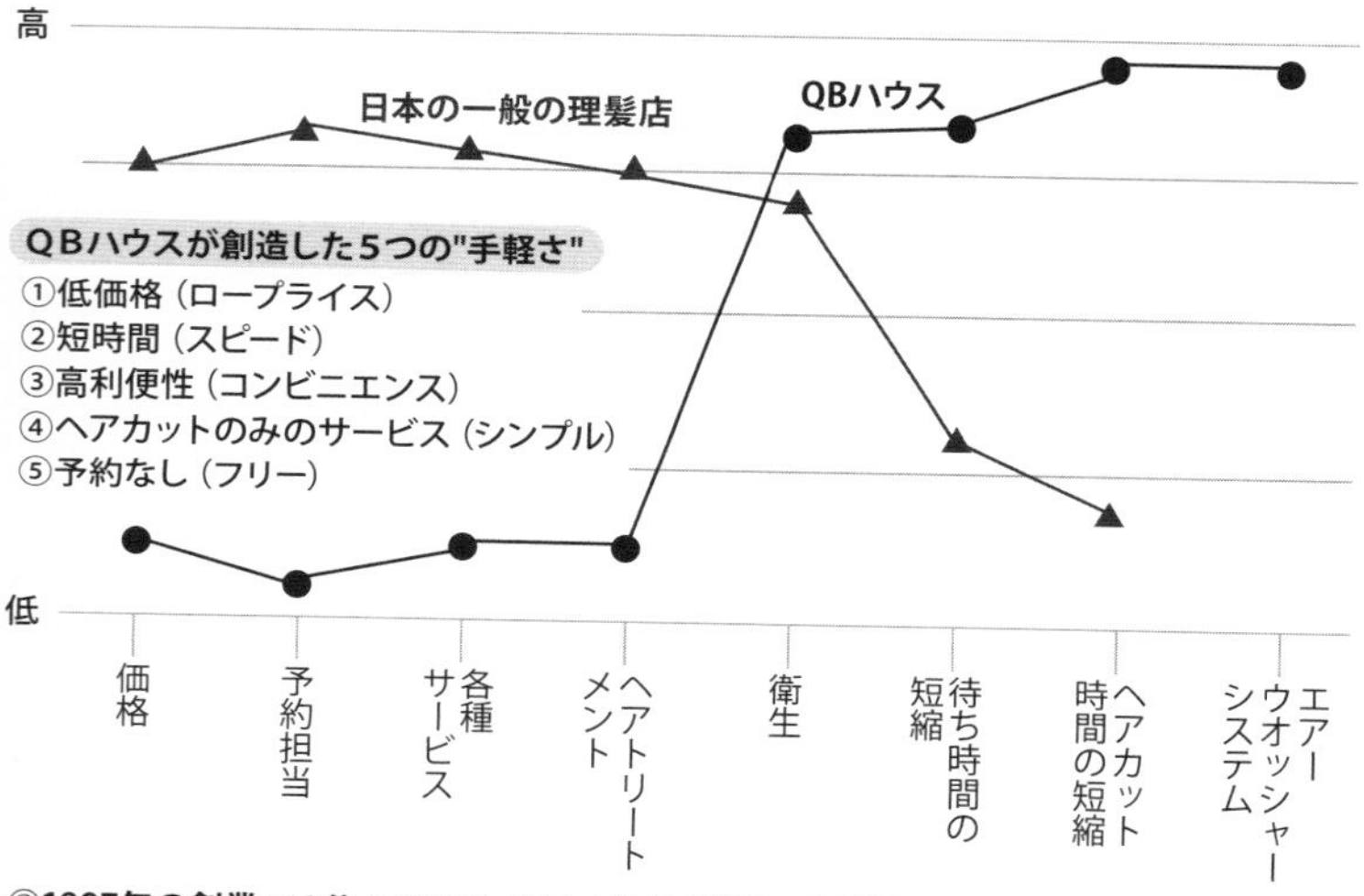

◎1997年の創業：10分 1,200円、売上：約190億円、店舗数：580
（2019年）　（2021年）　（2021年）

『ブルー・オーシャン戦略』W・チャンキムとレネ・モボルニュ著　ダイヤモンド社より

ブルー・オーシャン戦略　ステップ②：戦略の方向を定める
―「新たな市場の創造」及び「市場の境界の引き直し」

既存の顧客だけでなく、非顧客に目を向ける等「新たな市場の創造」及び「市場の境界の引き直し」を行います。「6つのパス」（図表1－16）で市場の創造または境界の引き直しを行います。

・パス1：代替産業に学ぶ

自社の製品・サービスの代替がある場合、それを顧客がどう感じ、どう選択しているかを深掘りしてみます。「変わる」ための土台づくり手順2の「マーケティングとは」で述べた「③顧客の行動パターンを知る」も有効です。

・パス2：異なる戦略グループに学ぶ

例えば、手軽／本格的、高価格／低価格、ブランド大／小、対象顧客等々で戦略グループが存在します。同じく土台づくりの手順2「マーケティングとは」で述べた「ドリルを買いに来た人が欲しいのは「穴」である」を思い出して下さい。結果として顧客の望むことを満たすにはどうしたら良いかの発想が必要です。

図表1－16　市場の創造／境界の引き直しへの「6つのパス」

- ❶ 代替産業に学ぶ
- ❷ 異なる戦略グループに学ぶ
- ❸ 買い手グループに目を向ける
- ❹ 補完的な製品やサービスの見直し
- ❺ 機能志向と感性志向を切り替える
- ❻ 将来を見直す

・パス３：買い手グループに目を向ける

購入の意思を決定する人、例えば、販売店／エンドユーザー、購入者／利用者等々の存在があります。自社の製品・サービスを売る販売店、さらにその顧客（エンドユーザー）がいます。また、購入決定者と利用者が別の場合もあります。これまでの市場の常識と異なるところに市場の境界を引き直せるかもしれません。

・パス４：補完材や補完サービスの見直し

自社の製品やサービスを補完する別の材やサービスがある場合があります。空調を買うと、設置サービス、設置に必要な材、保守サービスなどが必要になります。それを自社のサービスへ取り込み、サブスクリプション（サブスク）ビジネスで総合ソリューションを提供することなどが例になるでしょう。

・パス５：機能志向と感性志向を切替える

機能志向の製品・サービスを感性志向で販売する、また、その逆も考えられます。コロナ禍、マスクには、感染防止の機能が大事ですが、オシャレなデザインにして、周囲をなごませる感性志向もありです。

ＱＢハウスの例は、感性志向から徹底した機能志向への転換です。

・パス６：将来を見通す

トレンドを予測し、中でも後戻りしないはっきりしたトレンドに目を向けます。例えば、少子高齢化の傾向を見透かし、ビジネスコンセプトを考えるなど。

ブルー・オーシャン戦略　ステップ③：戦略の具現化
──４つのアクションと新戦略キャンバスの作成

ステップ１、２で、戦略の方向性を見定めました。次からが戦略を具現化するステップとなります。「差別化」と「低コスト化」の双方を実現することを忘れずに進めましょう。

図表1－17　アクション・マトリクス：QBハウス事例

取り除く	増やす
電話予約受付 シャワーなどの設備 ひげそり・洗髪など	ヘアーカットのスピード 清潔さ（滅菌器、新品のくしなど） 値ごろ感
減らす	**付け加える**
ヘアートリートメント 雑誌・コーヒーなどの各種サービス	エアーウオッシャー ネットを活用した経営管理システム

『ブルー・オーシャン戦略』W・チャンキムとレネ・モボルニュ著　ダイヤモンド社より

■4つのアクション

戦略キャンバス上に新しい価値曲線を描く前準備として、次の4つのアクションを決めます。

①取り除く　：既存の提供要素からすっかり取り除くのは何か
②減らす　：大胆に減らす要素は何か
③増やす　：大胆に増やす要素は何か
④付け加える：新たに付け加える要素は何か

QBハウスの事例に当てはめたものが図表1－17です。

「取り除く」と「減らす」で低コスト化を狙い、「増やす」と「付け加える」で差別化を狙い、バリューイノベーションの実現を目指したことがわかります。

「ブルー・オーシャン戦略」の著者W・チャンキムとレネ・モボルニュは、いくつもの設計された価値曲線を描いて比較検討することを推奨し、それを「戦略キャンバスの見本市」と表現しています。互いに比較検討することで、より適切な戦略を選択します。

ブルー・オーシャン戦略　ステップ④：ビジネスモデル
―買い手から見た価値と戦略的な価格決定

「顧客に対して、いまだかってない価値」が実際にうまく働くかを検証します。図表1－18の効用マップを作ってみましょう

■買い手の効用マップ

縦軸に「効用を生み出す6つのテコ」を、横軸には「顧客経験の6つのステージ」を置きます。各ステージに6つのテコをどう活かすかを書き込んで考えます。

・効用を生み出す6つのテコ
①顧客の生産性　②シンプルさ　③利便性　④リスク
⑤楽しさや好ましいイメージ　⑥環境へのやさしさ

図表1－18　顧客から見た価値を検証する買い手の効用マップ

顧客経験の6つのステージ

効用を生み出す6つのテコ	1 購入	2 納品	3 使用	4 併用	5 保守管理	6 廃棄
顧客の生産性						
シンプルさ						
利便性						
リスク						
楽しさや好ましいイメージ						
環境へのやさしさ						

『ブルー・オーシャン戦略』W・チャンキムとレネ・モボルニュ著　ダイヤモンド社より

・顧客体験の6つのステージ
①購入　②納品　③使用
④併用　⑤保守管理　⑥廃棄

■戦略的価格設定

価格設定は経営マターだとよく言われます。ここでも「戦略」と示しているように、設定次第で成否が左右されます。顧客が最も集まりそうな価格設定にするため以下のポイントでの検討を提言しています。

・形態も価格帯も同じ製品
・形態は異なるが機能が同じ製品
・形態も機能も異なるが目的が同じ製品

そのうえで、他社が真似できない製品であれば、上限レベルの価格設定、他社が簡単に真似できる製品であれば、下限レベルの価格設定をする（QBハウスの例がこれにあたります）。

また、先に目標価格を決め、コストを徹底削減して目標価格からコストを引いても利益を確保する努力をする「価格マイナス方式」を取ることもあります。

実現へのチェックポイトを整理しておきましょう。

・未だかつてない効用か？
・手に入れやすい価格か？
・目標コストは達成しているか
・導入の障害へ対処しているか

●ブルー・オーシャン戦略の注意点

ブルー・オーシャン戦略では、導入実行においても手順とツールが準備されています。以下の2点がポイントです。

①組織面のハードルを越える

・組織のハードル
・経営資源のハードル
・士気のハードル
・政治的なハードル

②実行を見すえた戦略を立てる

これらのハードルを越えるために、「影響力の大きな要因」に着目する「ティッピング・ポイント・リーダーシップ」が提言されています。

ブルー・オーシャンは永久に青色が続くわけではありません。やがて、模倣者が出てきて、レッド・オーシャン化するでしょう。その際は、そのままレッド・オーシャンで戦うか、新たなブルー・オーシャンを創造するかを判断します。

第2章

結果を左右する「企業文化」の醸成

経営の足腰を強くする手順とその方法がわかっても、「なぜかうまく進んでいかない」という現実があります。計画を実行に移すのは、現場の社員。一人ひとりが前向きな意識を持ち、目標を意識して仕事を進めている会社には企業文化が醸成されています。その方法を解説します。

ビジョンと戦略目標を明確にし、立てた計画を実行する際に、成果を左右するのが企業文化です。良い計画を立てても、現場における一人ひとりの行動が期待する結果に結びつかないことがあります。これは、戦略を実現できる企業文化が醸成されていないからです。

一人ひとりの動き方、判断の仕方、手順、課題にぶつかったときの姿勢などは、仕事の具体的な指示とは異なるレベルにあります。一人ひとりの意識やこころの持ちようなどが関係してきます。ここが企業文化といえます。

組織としてのありよう、人としてのありよう、仕事の進め方がバラバラだと、社長が何を言っても伝わらず結果に結びつかない現実を、企業支援において経験したことがあります。

「企業文化は作りあげるもの、企業風土は無意識に伝承されて来たもの」といわれます。ここでは、企業ごとにデザインし醸成していく「企業文化」に焦点を当てます。

例えばＰＤＣＡを意識して業務を進めるスタイルも、「企業文化」のひとつといえます。ＰＤＣＡは辞書的に見ると、計画をつくり（Ｐｌａｎ）、実行し（Ｄｏ）、実行結果をチェック（Ｃｈｅｃｋ）し、足りないところ、不具合のところに対し対策（Ａｃｔｉｏｎ）を打ち、次の計画へ反映していく、これだけのことです。

したがって「誰でもでき」「どこでもやっている当たり前のことではないか」とおっしゃる社長が結構います。ところが、実際にやってみるとなかなか定着しません。定着しないとその理由を深く追わずに「もうＰＤＣＡは古い」と言う社長もいます。

ここに「企業文化」が絡んできます。表面的なやり方にとどまらず、行う意味・価値の理解、自然とそうした行動をとれる雰囲気など、組織としてのありよう、人としてのありよう、仕事の進め方の文化です。

●成果を出している会社の企業文化

企業文化の醸成は、経営者が経営理念、ミッション、社是、行動指針等々、社内、社外へ宣言することから始まります。会社の哲学といっても良いでしょう。

多くの企業はこれらを掲げており、朝礼でもみんなで唱和しています。でも、心に響いていない、腹落ちしていない企業があります。

経営者は「なぜこの会社を経営しているのか」という想いを言葉にして何度も何度も腹を割って全社員に話しましょう。ここを出発点に、次の４つを実現するために具体的な行動を起こしていきましょう。

筆者は、成果を出している会社に共通する社内の状態＝企業文化として次の４つを挙げます。

1. 社員を大事にし、社員はいきいきと仕事を楽しんでいる
2. 社員一人ひとりが自立し自分で計画し実行し刈り取っている
3. 上司と部下、仲間とのこころの距離が近い。喜びも悲しみも共有できる
4. 社長をサポートするナンバー２が育っている

順番に解説していきます。

1 社員を大事にし、社員はいきいきと仕事を楽しんでいる

経営陣は一人ひとりの社員を大切にしており、社員はいきいきと仕事を楽しんでいる。「いい会社」を訪問したときに感じられる雰囲気です。

●社員を大事にする――信、認、任

「社員を大事にする」とは、「部下の成長があってこそ、最大の成果を出せる」と肝に銘じることを指します。部下の成長をサポートしながら、最大の成果を出すのです。「大事」という言葉から、「守る」「惑わせないように保護する」「福利厚生を良くする」などのイメージも出てきますが、そこは混同しないようにしましょう。すなわち、かまい過ぎて指示待ち人間にして、部下の成長を止めないことです。

そのためには、第1章の手順5で述べた「ナンバー2」を育成し活躍を期待すること、コーチングの哲学「信、認、任」（信じて、認めて、任せる）が挙げられます。部下の可能性を信じ、その行動を認め、信用して任せ、前進をサポートするのです。ナンバー2だけでなく、部下を持つ管理者すべてに身につけて欲しい大事な点です。

●いきいきと仕事ができるために —— 納得のいく目標設定

社員を大事にすると、社員は仕事に前向きに取り組めます。

さらにいきいきと仕事をしてもらうために必要なのは、「目標の明示と共有」です。いつまでにどのような成果を期待しているかをきちんと伝えましょう。どうなれば褒められるのか、どうなれば怒られるのかがわからないまま業務にあたると、心配や恐怖から指示待ち人間になりがちです。

社長からは「会社の目標と個人目標をリンク」させ、社員から見ると今日一日、何に向かって仕事をするかがよくわかる状態。これが社員の自主性、創造性を引き出す一丁目一番地と考えます。目標の明示にあたっては上からのお仕着せにならない、そう思われないことが必要です。できもしない目標を与えられたと思ったら達成に向けて夢中になりません。そうならないために上司、部下でしっかり話し合って、納得できる目標を設定しましょう。頑張れば届きそうな目標であれば、自分事として取り組んでもらえるでしょう。

社員を大事にし、目標を明示していきいきと仕事をしてもらった経営者の実例をお話しましょう。筆者が会社員時代によく行き来した米国のサンディエゴに米国一の軍港があります。そこに戦艦ベンフォルドがいました。米国全体の戦艦は毎年評価され順位付けされます。戦艦ベンフォルドは、評価のたびに、米国中で最下位の評価、艦員の定着率は28％でした。

そこに新任の艦長が来て、辞めていった艦員を訪ね歩きました。なぜ、辞めて行ったのか、わかったことは次のようなことでした。

・上司から大切に扱ってもらえない
・積極的な行動を押え込まれる
・意見に耳を貸してもらえない
・責任範囲を拡大してもらえない

そこで、新任艦長は、次のように考えました。

・部下の身になって、何がいちばん大事かを考えてみる
・部下が自分の可能性を最大限に発揮できるような環境を作り出す
・「私は君たちを見限ったりせず、力になるつもりだ」というシグナルを送り続ける

さらに艦長のすばらしいところは、次のように、毎日のチェックポイントを自分に課したことです。

・目標を明確に示したか？
・その任務を達成するために、十分な時間と資金や材料を部下に与えたか？
・部下に十分な訓練をしたか？

結果、半年で、米国一の評価、そして、定着率100％となりました。

さらに、艦長は次のメッセージを残しています。

「もはや彼らは、私が命令し、怒鳴りつけるだけの「名もなき連中」ではなかった。私と同じく、希望や夢を愛するものたちであり、自分のしていることに誇りを持ちたがっている」

艦長マイケル・アブラショフ自身が書いた書籍『部下を持つすべての人に役立つ“即戦力の人心術”』からの事例です。筆者も「部下を大事にする」とはこういうことか、と学びました。

2 社員が自立し、自分で計画し実行し刈り取っている

少人数の会社なら、社長がすべてを決め一人ひとりに毎朝指示し、１日が終わる姿が普通かもしれません。社員が増え組織化していくと、いずれ限界が来ます。業務のルール（役割分担等）を決め、それに従い、社員が自主的に動けるようにし、問題が発生すれば社員自身で考え、必要なら他人、他部署と相談し解決していく姿に持っていくことが「普通」となる企業文化が求められます。

そのように成長するための具体的な行動習慣づくりとして、ＰＤＣＡの活用がわかりやすいと思います。ＰＤＣＡを回す「企業文化」が出来たらしめたものです。結果として、自主的に動ける、自分で考えられる社員が育っていくからです。

●ＰＤＣＡを回す体験が自主性を育てる

社員の可能性を信じ、自発的に行動することを促しましょう。目標を明示したら、以下の支援をかげながら行います。

①部下のＰ（計画）作り
与えられ納得した目標、または自分で決めた目標に対し、何をするか
②自立したＤ（実行）とＣ（確認）そしてＡ（Ｐの見直し）
細かな指示は不要、じっと我慢
③成果を認める
・成果の良し悪しを評価し、良いところを認める。一緒に喜ぶ
・悪いところは、アドバイスと次のステップへの期待を示す

自発的な行動を促す際に注意したいのは、いきなり白紙に絵を描くような大きなテーマにしないこと。社員のレベルに応じて、合うところから始めましょう。

ＰＤＣＡの設計には吟味されたテンプレートを示すことも有効です。
読者の方は、ダウンロードできますのでご利用ください（方法は巻末でご案内します）。
①Ｐ作りに必要な「課題は何か」を整理する：課題深堀ワークシート
②Ｐを行動計画（アクション）に落とす：アクション展開ワークシート
③Ｃを確実に行う：アクション進捗管理シート

最近はマインドマップツール（いろいろあります。まずは無料版で）を用いて、オンラインで、お客様と一緒に作ることが多くなりました。対話をしながら簡単な操作でＰＤＣＡの設計が出来上がっていきます。

3　社長と社員のこころの距離が近い

職場でのストレスの大半は、人間関係から発生するといわれます。

社長側は、自分の想いが社員に理解されず、良い成果が出ずにイライラしています。一方、自分は真面目に仕事をしているつもりだが、何をどのように進めれば褒められるのか、どうなれば怒られるのかがわからない社員は戦々恐々。疑心暗鬼でこころが不安定です。

社長と社員のこころの距離はどのくらいでしょうか。

遠く離れていると何を言っても伝わりません。距離が近いと社長が「ばかやろう」と言っても伝わります。つまり、こころの距離とは、仕事にあたっての共通認識ができているかどうかなのです。

社員側が「社長の思いを自然に察してくれる」ことはありませんから、社長が距離を縮めるための取り組みを行います。

●「こころの距離」を近づける働きかけとは

これまで解説してきたように、社長は経営理念や思いを社員に伝え、個人の目標と会社の目標を一致させるよう努めます。そのうえで直接的に「こころの距離」を近づけるための手法も活用しましょう。

ここでは『EQこころの距離の近づけ方』（高山直著　東洋経済新報社）を紹介しましょう。相手の感情を知ったうえでの働きかけをEQアプローチと表現しています。死ぬまで磨き続けることができる力だそうです（図表2-1）。

相手との「こころの距離感」をつかむには、相手の感情を知り何らかの働きかけを行います。「目配り」「気配り」「心配り」、そして積極的な話かけも重要です。実はこれは、社会人のマナーですね。でも職場では失われがちです。

関心を持って相手を見て、朝、元気な「おはよう」を言うことから始めましょう。継続することが大事です。社長が繰り返し行えば、社長と社員のこころの距離が縮まり、社員間でも習慣として身についていくはずです。

図表２−１　こころの距離を近づけるステップ

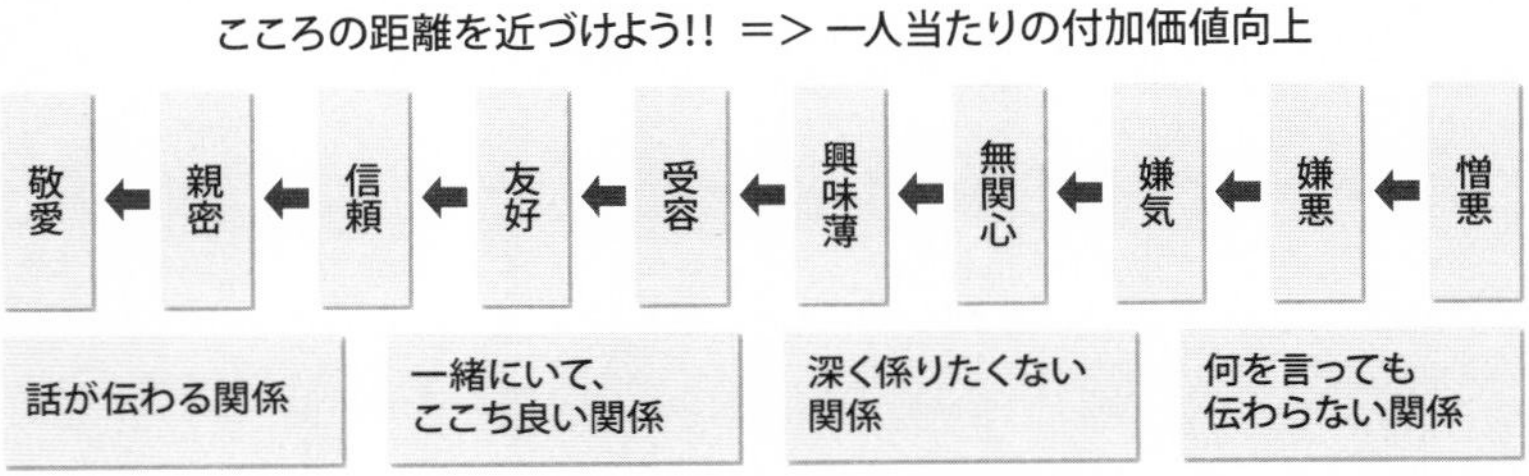

- こころの距離を近くする第一歩（コツ）は**相手の感情（気分、気持ち）を知ること**
- **相手の気持ちや気分が想像できれば、言葉も行動も的確になる**
  人と親密度を増すための最高の技
- **相手の感情に対して何らかの働きかけ**を行うことが必要（EQアプローチ）
- 関係性を築くには**積極的な「話しかけ」**が重要
- **継続的な行動**で関係性を深める

参考文献『EQ　こころの距離の近づけ方』高山直著　東洋経済新報社より

このように社長も社員も日々研鑽することで、課がチームになり、部がチームになり、会社がチームになります。

チームになれば、会社の目指すことが、部門の目指すことへ、さらに部課へ、個人へ結びついていきます。個人の主体性が高くても、チームが活性化していないと、主体性が空回り。

こころの距離を近づけるための行動を習慣にしましょう。

Column

「こころの距離」を遠くする要因の一つ「人は昇進すると横柄になる確率が上がる!?」

〈出典：ハーバード・ビジネス・レビュー編集部編『共感力』より〉

このテーマに関し、書籍「共感力」の中で解説されています。このようなことを職場で経験された方もいるのはないでしょうか。書籍の中には以下のような報告があります。

企業で権力の座に就いている人は、職場で、
●ほかの人の話をさえぎる（人の話を聞かない）
●会議中に勝手に出入りする
●声を荒げる（自分はいつも正しいと思っている）
●人を侮辱するようなこと言う（人格の否定）
この傾向が、下位にある人の3倍に上がった。

●社員にストレスや不安感を与え、社内での厳格な規律と創造性を損ない、社員の参加意欲とパフォーマンスを引き下げる。
●最近の調査で、職場で無礼な扱いを受けたと回答した人の半数は、それに対抗してわざと努力を惜しんだ、もしくは仕事の質を落としたと答えている。

このようなことで「こころの距離」が遠ざかるのを防ぐために、職位が上位の人は、時々、自分を振り返ってみたらいかがでしょうか。

・人の話に割り込んでいないか
・人が話しているときに携帯電話を見ていないか
・誰かにバツの悪い思いをさせていないか
・人格を否定するような発言はしていないか　　等々

4 会社の「ナンバー2」が育っている

企業文化の醸成には時間がかかります。社長が一人で考えを何度も何度も繰り返し伝えていくことも大事ですが、社長以外の幹部が、ナンバー2として、社長の思いを共に具現化したり、社員に考えを伝える補佐をしてくれれば、社員もより会社の方針を理解しやすくなります。

そのために「こころの距離」が近いナンバー2が欲しいところです。

該当する人材の確保には、採用するか、育てるかが選択肢となります。ピカピカの人材を採用するのは実は非常に難しいといえます。幸い、力のある人が採用できても会社の風土になじめず辞めて行くケースを多く見てきました。その意味で、社長の機能の一部を代行するナンバー2は、「育てるしかない」と筆者は考えます。

社長の仕事は、将来のことと人を育てることが7割と認識しましょう。

①ナンバー2は社長機能を代行することで、経営課題に取り組み、経営の腕を磨き、

社内を掌握し人望も得ていきます。

②社長も人間です。いつ何が起こるかわかりません。いざという時に社長に変わり経営を回せる力をつけていきます。

③もちろん、社長とナンバー２には各々、得意分野、苦手分野があると思われます。それを見極め、二人三脚ができる役割分担を決めます。

まずナンバー２の候補者を決め会話を増やすことからはじめましょう。たまには酒を酌み交わし人生観、仕事観も積極的に話してください。

社長は夢を語り、ナンバー２は共感して具現化していく姿をイメージしています。

Column

ソフトバンクグループ　孫正義社長の「むちゃぶりＰＤＣＡ」

圧倒的なスピードで世界のトップ企業になったソフトバンクグループ。創業から30数年で８兆円企業へ、その戦略こそ「高速ＰＤＣＡ」です。

前例のないことへの挑戦をひたすら繰り返し、新規事業をどんどん作っています。そして、できるだけ多くの手段を考えてそれを実行し、目標の実現可能性を最大化しています。『孫社長のむちゃぶりをすべて解決してきたすごいＰＤＣＡ』三木雄信著（ダイヤモンド社）によると、ソフトバンクだけがハイスピードで革新的な事業を展開し続けているポイントは次の点だそうです。

①思いついた計画は、可能な限りすべて同時に実行する
②１日ごとの目標を決め、結果を毎日チェックして改善する
③目標も結果も、数字で管理する

中小企業でも、こうした社長のむちゃぶりを具現化してくれる社員がいれば、社長はもっと未来に向けた仕事ができますね。

第3章

社長自身の
PDCAを回す

社長の思いを幹部や社員と共有し、変われる会社になるために、組織改革の手法と並行してもう一つ必要なことがあります。それは、リーダーである社長自身が「変われる力」を身につけること。社長を指導してくれる人はいないからこそ、自分自身のPDCAを回していきましょう。

「変われる会社」になるには、社長自身が変われることが前提です。ビジョンを立て、方針を社員にわかりやすく伝え、会社のＰＤＣＡを回す役割の一方で、「変わるための力をつける時間」を意識的に確保し、「社長力」を高めていきます。

1　社長力を鍛えよう――9つの社長力

「社長力」とはなんでしょうか。1章、2章で解説した内容を含め、筆者は求められる社長の力を次の9つに整理しました。

(1)利益志向力
(2)ＰＤＣＡ力
(3)変革力
(4)人材育成志向
(5)社員大切志向
(6)傾聴力
(7)共感力
(8)礼儀正しさ

⑼ＥＱ力

では、９つの力の一つひとつについて、解説しましょう。

⑴利益志向力

最近はさすがに少なくなってきましたが、経営の指標として売上金額しか見ていない企業が、まだあります。利益が大事ということは社長もおわかりのはずです。リアルタイムとは言いませんが、「タイムリーな利益の見える化」ができていないのは問題です。判断に必要な利益金額が把握できるように早急に手をつけなければいけません。

⑵ＰＤＣＡ力

ＰＤＣＡ力は、社長自身がＰＤＣＡを回せる力を指し、すべての改善活動、変革活動を支えるものです。この力が不足していると、一生懸命動いていても、相当、効率の悪いビジネス活動になります。そこで、第３章のメインテーマとして、次の項で詳しく解説します。

(3) 変革力

「変わる力」を全社に醸成できるか否かは社長の「変革リーダーシップ」にかかっています。変革力は、第1章、第2章で述べたことを土台とし、さらに、現状打破の変革リーダーシップが欠かせません。それができるのは社長だけです。具体的には何が必要なのでしょうか。

①現状に満足しない「熱き想い」

今日より明日、今年より来年、来年より3年後…と短期的にも、長期的にも、こう成長して行きたいとの意志を固めます。

②将来の変化を想定し、「熱き想い」をビジョンに描く

身の回りで起きている様々な事象からトレンドを読み取り、1年後、3年後、10年後に、「会社はこうなりたい」『そうすると社員はこうなっているという姿」を達成する未来の喜び、そして「こうならないと生き残れない」との痛み（危機意識）の両方の共有が必要です。

③変革の抵抗勢力と真摯に向き合う

多くの人は変化を好みません。抵抗派、無関心派に真摯に向き合い、どうリー

ドして行くか。抵抗派は納得してもらえると強力なフォロワーになる可能性があります。むしろ無関心派が難しい。

そこで、社長一人ではなく、変革リーダー候補（会社のナンバー2がそうなるとしめたもの）を確保し、喜んでついてきてくれるフォロワーを増やして危機意識と変革志向の浸透を図って行きます。

④あきらめない

ビジョンに向けた一貫した行動で本気度を常に示します。小さな成功を祝い、絶えず動機づけを行う。リスクマネジメントをし、決してあきらめない。筆者は、日本電産の永守重信元会長の言葉「すぐやる、必ずやる、できるまでやる」が大好きです。

(4)　人材育成志向

企業経営は、最初も人、最後も人、人材無くして改善も変革もできません。優れた人材獲得は、顧客獲得より困難といわれます。だから「働く人が一番大事」、育てるしかない。

部下の可能性を信じ、能力を引き出し、前進をサポートし、自発的に行動することを促しましょう。このテーマだけでも一冊の本となります。このテーマで別途上梓したいと考えています。

(5) 社員大切志向

社員を大事にするとは、部下の成長をサポートし、最大の成果を出すことです。社員は達成の喜びで、ますますやる気になり、成長していきます。筆者の経験では、社員がいきいきしている会社は業績が上がり続けています。人件費はコストではなく投資と考え、人材育成計画を立て、やり抜く姿勢が求められます。

(6) 傾聴力

筆者の経験では、ほとんどの会社で社長と社員の会話が不足しています。それでは社長の想いは伝わりません。こうした会社の多くは、社員が社長のところに行くのを嫌がります。なぜか。

例えば、提案に行ったとき、社長は十分話も聞かない内に結論を出してしまいます。社員はせっかく考えて提案に行ったのにしっかり聞いてもらえないと落胆し、行く気持ちがなくなります。

まずじっくりと聞いてあげてください。傾聴力を鍛えましょう。以下に「きく」レベルを挙げます。

①聞く：固定観念、先入観などで、表面的にしか聴いていない。社員はすぐに感じとる。

②訊く：質問で積極的に働きかけている。僕は君の話をちゃんと聞いているよと伝わる。

③聴く：部下の聴いて欲しいことを聴く。意識が自分でなく、部下に向いている。１００％理解しようと心で聴く。

簡単な話、次のことができれば傾聴力ありと評価されます。

・相手が話している時には話さない。相手の話を遮らない
・表情や相槌を通じて自分が聞いていることを相手に知らせる
・相手が言ったことをほぼ一言一句繰り返せる

(7) 共感力

共感力とは、次の３つの力からなると説明されます。

①認知的共感：他者の視点を理解する力

②情動的共感：他者の感情をくみ取る力
③相手が自分に何を求めているかを察知する力
この3つの力で以下のように持っていけます。
・思いやりを示されるとリーダーへの信頼感が強まる
・共感を示してくれる上司に対して人の脳は活性化する
・従業員はリーダーへの信頼を強めることで成果が上がる
部下に思いやりを持って接すると、相手の忠誠心が高まるだけでなく、他の人々も、それを見て、上司に対し、より献身的になる可能性があるといわれています。

(8) 礼儀正しさ

礼儀正しさは、社会人としてあたり前、にもかかわらず、職場では礼儀正しくない行為があり、生産性を大きく落としているとの調査があります。パワハラとかセクハラ等々、話題になっています。

ここでいう無礼とは「相手にとって不快な言動をする」ことです。叱責された人ではなく、周りの人も集中力の低下が起こります。

偉そうな態度をとったり、感情のままに人にものを言ったりと無礼な行動を、笑顔、挨拶や感謝等の言葉に変えましょう。

ではどうすれば良いか、適切な運動と食事、睡眠をまず習慣化しましょう。

職場では、「笑顔」で、「相手を尊重」して、「相手の話をちゃんと聞く」。この３点を常に意識しましょう。

(9) ＥＱ力（こころの距離を近づける力）

こころの距離が遠いと何を言っても伝わりません。こころの距離が近いと「ばかやろう」と言っても伝わります。第２章の図表２－１にＥＱについて示しました。繰り返しになりますが、以下が留意点となります。

・こころの距離を近くする第一歩（コツ）は相手の感情、気分、気持ちを知ること
・相手の気持ちや気分がわかれば、言葉も行動も的確になる。それは人と知り合う上で親密度を増す最高の技
・こころの距離を近くするためには、相手の感情に対して何らかの働きかけを行うことが必要（ＥＱアプローチと言います）
・最初の関係性を築くためには積極的な「話しかけ」が重要。「話しかけ」によって、職場での初期の関係性を図ることができる

・さらに、ステップを進めるには、継続的な行動が必要。

ＩＱは、ほとんど先天的なもの、ＥＱは後天的とされています。ＥＱは死ぬまで鍛えていけるともいわれます。ＥＱを意識して社員と接することが大事です。まずは、朝の大きな声の挨拶から。

第1章で「残念な会社」「できる会社」「一流の会社」と会社の段階を便宜的に3つに分けて要素を説明しました。ここでは図表3－1として、3つの段階において、筆者の考える「社長力」の内容を整理しました。

特に6～8は、自分の上司がいない社長職では、気づかないうちにおろそかにしていることがあります。社員に関心を持ち、最後までしっかりと話を聞き、一人ひとりを尊重する力は、「できる社長」の必須要件です。

「会社は社長の器以上にはならない」とよくいわれます。筆者の経験でも当たらずとも遠からずです。まずは社長自身に自己評価をしていただき、その力をどうつけていくかです。

図表３－１　９つの社長力と段階

	社長力	残念な社長	できる社長	一流の社長
1	利益志向力	売上管理のみ、決算まで利益が見えない	月次で利益管理	案件別利益管理 日々の利益管理 キャッシュフロー管理
2	PDCA力	その日暮らし	Pは作るが実行管理なし	社長のPDCAから現場のPDCAへつながっている
3	変革力 （未来志向）	「熱き想い」無し	現状に満足しない「熱き想い」あり	「熱き想い」をビジョンに描き、全社への浸透と巻き込み
4	人材育成志向	叱責、不満ばかり	現場の声を聴く姿勢	育成の仕組み作り
5	社員大切志向	人件費はコスト	人件費は投資、投資計画無し	人件費は投資、中期投資計画あり
6	傾聴力	想いが強く、ついつい自分だけがしゃべる	聞く耳はあるが最後まで聞かない	質問しながら最後まで聞く、最後に自分の考えを話す
7	共感力	相手がどう考えているか、関心がない	相手は何を言いたいのか聞けてはいるが、常に自分の答えを準備している	相手がなぜ、このようなこと言うのか背景を感じ取る
8	礼儀正しさ	他人の人格をおとしめる 他人の話を途中で遮る	話は聞くが、すぐ反論する	笑顔を絶やさず人の話を聞いて、必要なことは伝える
9	EQ力 （こころの距離）	遠い 何も伝わらない	まあまあ 共感、話し合いができる	近い 荒っぽい言葉でも伝わる

※　「共感力」ハーバードビジネスレビュー編集部訳・編　ダイヤモンド社
　「認知的共感」：他者の視点を理解する力
　「情動的共感」：他者の感情をくみ取る力
　「共感的関心」：相手が自分に何を求めているかを察知する力
※　「礼儀正しさ」こそは、最強の生存戦略である
　Think Civility クリスティーン・ボラス　東洋経済新報社

書籍を読んで知識を得ればすぐに実行できるものではなく、仕組みにして実行していく過程、運用後の課題解決を経験することにより、少しずつ身についていくものと筆者は考えます。

社長と経営幹部でぜひ、挑戦してください。

９つの力のなかで、本章では⑶のＰＤＣＡ力に焦点を当てます。なぜなら、他の社長力の項目をアップするときにＰＤＣＡ力がないと具体策を効果的に打てないからです。ＰＤＣＡ力はすべての改善及び変革のために欠かせません。

2　時間の確保は習慣づくりから

ＰＤＣＡは骨格だけ見ると、計画をつくり（Ｐｌａｎ）、実行し（Ｄｏ）、実行結果を評価（Ｃｈｅｃｋ）し、足りないところ、不具合のところに対し対策（Ａｃｔｉｏｎ）を打ち、次の計画へ反映していく、これだけのことです。「誰でもできる」「どこでもやっている当たり前のことではないか」「そのことはもう知っている」「新しい経営論はないの？」などとおっしゃる社長が結構います。

ところが実際に会社の様子を見るとＰＤＣＡがきちんと回っていないのです。それはなぜでしょうか。

「やってるつもりのＰＤＣＡ」には段階ごとに以下のような特徴があります。

・「残念な会社」は、Ｐがない、その日暮らし、あっても作りっぱなし
・「できる会社」は、Ｐはあり、実行しているがＣがなく、やりっぱなし
・「一流の会社」は、全社で階層別のＰＤＣＡがリンクし日々回っている

一流の会社は社内の階層・グループごとにＰＤＣＡが途中で停滞せず、しっかり

リンクして回っています。この「階層」には経営者・社長のＰＤＣＡもあります。

つまり、ＰＤＣＡを回す力は「社長力」に欠かせないのです。


日々、日常活動に追われ（その日暮らしで）将来のこと、部下を育てることに時間が割けていないとお嘆きではないでしょうか。

少々厳しいことを申し上げると、時間は取らなければ取れません。

社長の仕事の時間配分は、「７：３」にしてください。

７割は、「将来のこと、部下を育てること（Ｐ）」に、残りの３割で日常活動（決裁等日々の判断、多少の営業活動、現場指導）をこなすということです。７割を日常活動に費やして目の前の仕事に没頭してはいませんか。


社長の方針に従い、達成指標に沿って実行して、改良して成果を出すのは社員の仕事です。社長が部下を育てる時間が取れないと社長のＰに従い動いてくれるナンバー２、幹部は育ちません。逆に、人材が育っていないと社長自身のＰ作りができず、思いがあっても夢物語、会社は頭打ちになりがちです。

7割の時間は何がなんでも捻出し、想いも夢物語に終わらせないようにしましょう。人材が育たないから社長のPができない、社長のPができないから人材が育たない…ビジネスシーンではこのような鶏／卵の現象はいくらでもあります。それを乗り越える意志が必要です。

まず、社長のPを作る時間を生み出すため、次のような習慣をつくりましょう。

①朝型の生活パターンに切り替えることもひとつ

人間の脳の活性化は朝が一番といわれています。朝5時ないし6時起床、まずは2時間、Pの時間を確保しましょう。それが無理な社長もいるでしょうが、午前中はPの時間へ持っていけるとしめたものです。鶏／卵の悪循環を断ち切ることができるでしょう。

②社長が今行っている仕事のうち、任せられそうな仕事から委譲する

任せられない理由はいくつもあります。

・任せられる優秀な人材がいない
・自分がやれば慣れているので早くできる
・部下は忙しいのでなかなか頼めない

等々です。これを断ち切らないと、7：3は実現しません。思い切って権限を委譲しましょう。

抱えている仕事を思い切って任せ、将来のこと、次のステップに一歩踏み出しませんか。

時間配分が7：3に近くなったら、しめたものです。社長のPDCA力アップに入りましょう。

3　社長のＰＤＣＡを回すための４つのポイント

(1)　Ｐ(計画)：Ｐにたっぷり時間をかける

Ｐｌａｎとは課題解決のシナリオを描くことです。どのようにして課題を解決に持っていくのか時系列に並べていきます。その目標に向けて誰が、どのように、どこまでやるか？　いわゆる５Ｗ１Ｈでアクションに落としシナリオとします。

Ｐのシナリオが不完全だとＤｏは旧態依然の勘と経験による行動のままです。会社が変わるには、今までと違う行動を導くしっかりしたＰが必要です。

社長と経営幹部で時間を確保し、議論してください。時間が長ければ良いというわけではありませんので、次に効率よく立案できるかの進め方について解説します。

問題解決のステップを整理した図表３－２を見てください。図中の①～⑦は、ＱＣ活動(品質管理の改善活動)で使われる「問題解決の７ステップ」です。このステップにＰＤＣＡをプロットしてみました。

①〜⑦がちょうどPDCAに当てはまります。

PDCAを回すこと、Pに時間をかける意味がご理解いただけたでしょうか。

●P(計画)作りの標準のステップ

Planづくりの標準のステップは、以下のようになります。図表3－2の7つのプロセスと比べながら見るとわかりやすいと思います。

①解決したい問題(テーマ)を決める

テーマは大も小もあるでしょう。社長、経営幹部では大きなテーマに取り組んでください。

例えば、

・3ヶ年経営計画／年度経営計画

・経営計画にうたわれている取り組むべき課題

売上拡大、生産性向上、ブランドアップ、新規事業立上げ等々です。

②現状の把握

経営計画策定の場合は、第1章－2「会社の土台づくり、5つの基本手順」で述べた手順1、2のステップにあたります。図表1－6、左上の戦略グループ(経

図表３－２　PDCAは問題解決の繰り返し

問題とは

「理想の状態」と「現実の状態」とのギャップ

問題解決とは

「理想の姿」を実現するために「現実とのギャップ」を埋めること

問題解決のステップ

問題解決ストーリー（QCストーリー）では

	ステップ	内容
P	① **テーマの選定**	・なぜ、このテーマなのか？
P	② **現状の把握**	・ブレーンストーミング的に事実を洗いだす ・グループ分けしツリー上に整理する
P	③ **目標の設定**	・理想な姿を目指すが、今回はどこまで？ 優先度を決める
P	④ **原因の分析**	・洗い出した事実はどうして発生しているの？ ・ブレーンストーミング的に原因を洗いだす ・洗い出した原因をグループ分けしツリー上に整理する
P / D	⑤ **対策立案／実施**	・整理した原因の解決すべき優先度を決める ・優先度の高いものから取り組む ・ブレーンストーミング的に対策のアイディアをどんどん出し絞り込みアクションに落とす ・実施する
C	⑥ **効果の確認**	
A	⑦ **歯止め／標準化**	

営幹部）におけるPDCAのPなので、できれば市場環境の確認、事業ドメイン（現状とあるべき姿）、SWOT分析その他の経営計画策定手法の活用を図りましょう。

③目標の設定

テーマを決め、現状把握ができたら、理想の状態と現状の状態のギャップをどこまで縮めるかが目標です。

④原因の分析—ギャップの原因探し

1 目標達成のための課題抽出

現状と理想のギャップの原因探しをします。まずは、ブレーンストーミング的に、思い切り無責任にたくさん出しましょう。頭を柔らかくして、できるだけ多くの課題候補を自由に出します。

その後、同じもの、似たようなものは一つに、いらないものは捨てて、グループ分けをしてグループごとにタイトルをつけて整理していきます。図3－3を参照してください。

ここまでの方法は、KJ法と呼ばれる良く使われるカードを使った課題整理手法です。ポストイットに書いて白板ないし、模造紙に貼り、皆でカードの整理をします。

２課題の深掘り

図表３－３で整理できたら、課題間の因果関係を整理しながら深掘りしていきます。トヨタ流のなぜなぜを繰り返し展開していきます。真の原因まで深掘りし、図表３－４のように描いてみます。

⑤対策立案（P：行動計画）－誰がいつまで

課題解決のためには、誰かが行動しないと何も変わりません。誰がいつまでに何をやるかを決めていきます。それが行動計画あるいはアクション計画が示す内容です。

課題深掘りシートと同じフォーマットを使いアクションの展開をしていきます。例えば、テーマが売上拡大で、目標が30％アップとしたら、誰が何をどうすればそうなるかのシナリオがあってこそ社員は動くことができます。そのために、誰がいつまでと明示できるまでアクションを展開していきます。

課題深掘りでは「なぜなぜ」でしたが、ここでは、「そのために何を」を繰り返し「誰がいつまで」と落とせるところまで展開していきます。その事例を図表３－５に示します。

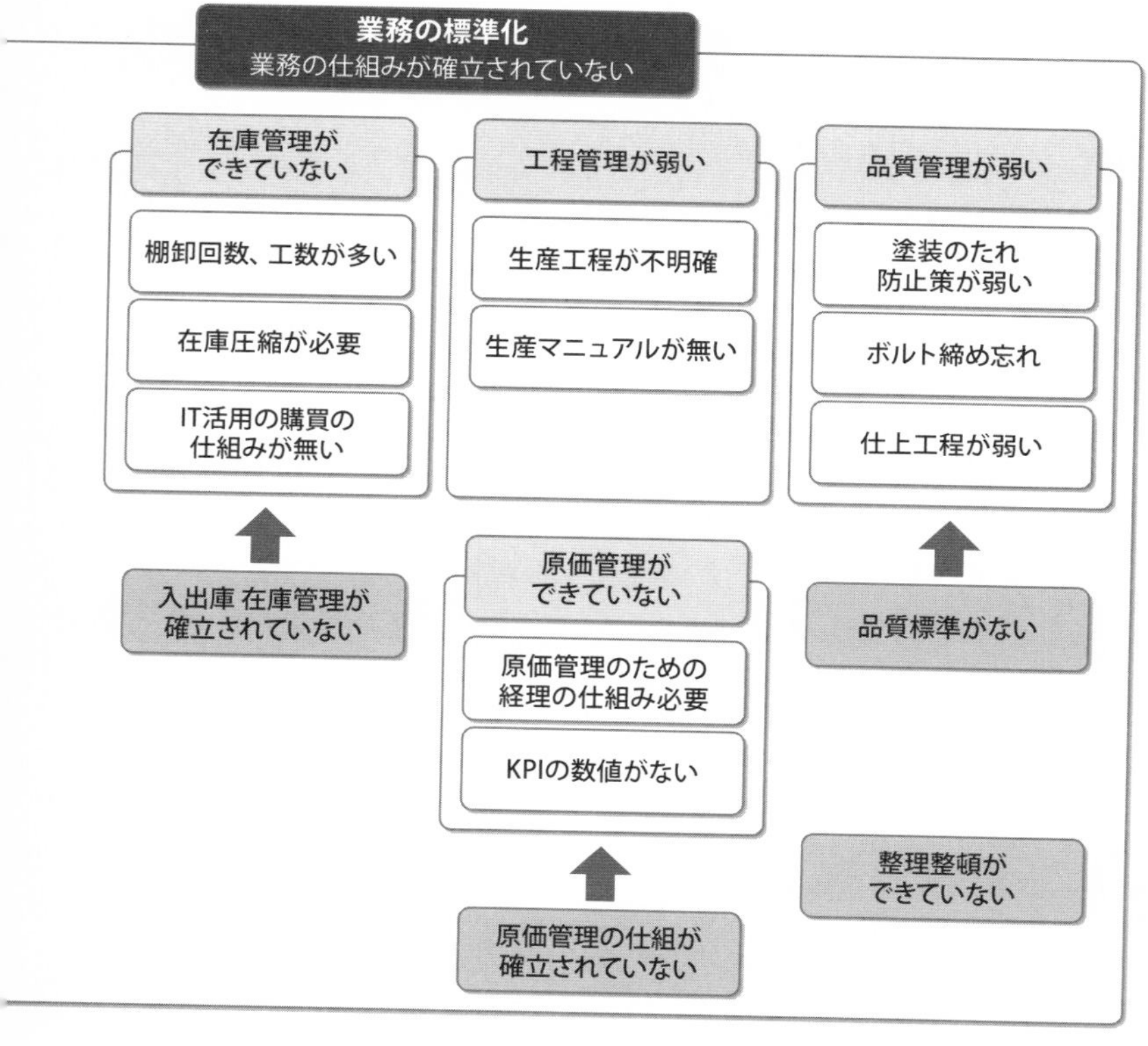
業務の標準化
業務の仕組みが確立されていない
在庫管理ができていない
棚卸回数、工数が多い
在庫圧縮が必要
IT活用の購買の仕組みが無い
入出庫 在庫管理が確立されていない
工程管理が弱い
生産工程が不明確
生産マニュアルが無い
原価管理ができていない
原価管理のための経理の仕組み必要
KPIの数値がない
原価管理の仕組が確立されていない
品質管理が弱い
塗装のたれ防止策が弱い
ボルト締め忘れ
仕上工程が弱い
品質標準がない
整理整頓ができていない

図表３－３　思い切り自由に課題を出し合い、グループ化する例（支援事例より）

問題は、あるべき姿（目標）と現実のギャップ、課題は目標達成のために解決すべきこと

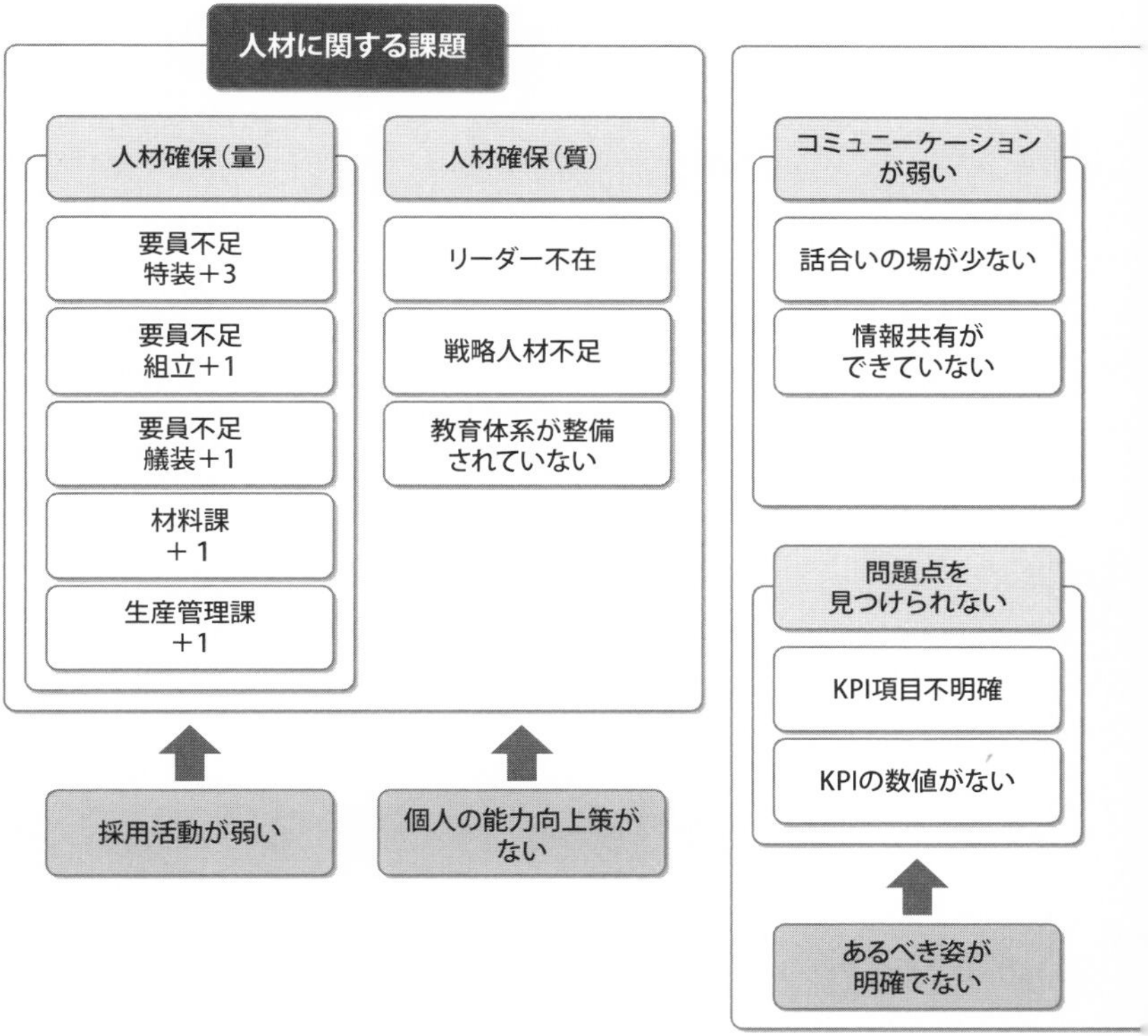

問題と課題の違い
- **問題**：「現状」と「あるべき姿」とのギャップ
- **課題**：問題を解決するためにやるべきこと

原因レベル2	課題	目標
1-1-1. 拠点が少ない	**1．XX事業** 売上が見通せないと 拠点を増やせない	全体300件／年 XX 30件／年
1-1-2. xxxサービスに 専任営業がいない	営業員の確保が難しい	XX期末確保
1-1-3. ホームページが 機能していない	**2．地域ブランドアップ策** ・戦略立案 ・ホームページ充実	・公開 1/1（火） ・社長承認 11月末
1-2-1. ネームバリューがない		
1-2-2. 価格競争力がない	**3．サービスシステム開発** ・差別化、価格競合力 ①戦略討議 ②仕様の決定 ③開発計画作成 ④稟議	2021/6まで
1-2-3. 他社に対抗する サービス力がない		
1-3-1. 戦略的な議論を したことがない 進め方がわからない	戦略策定からアクションに 落とすやり方を知る	2021/6までに
1-3-2. 戦略的な議論の 時間が取れない	定期的に時間を取る （原則1時間／回）	2020/9 開始済み
1-3-3.　・・・	・・・	・・・

図表３－４　課題の設定例「ｘｘｘ事業」(支援事例より)

課題深掘りワークシート

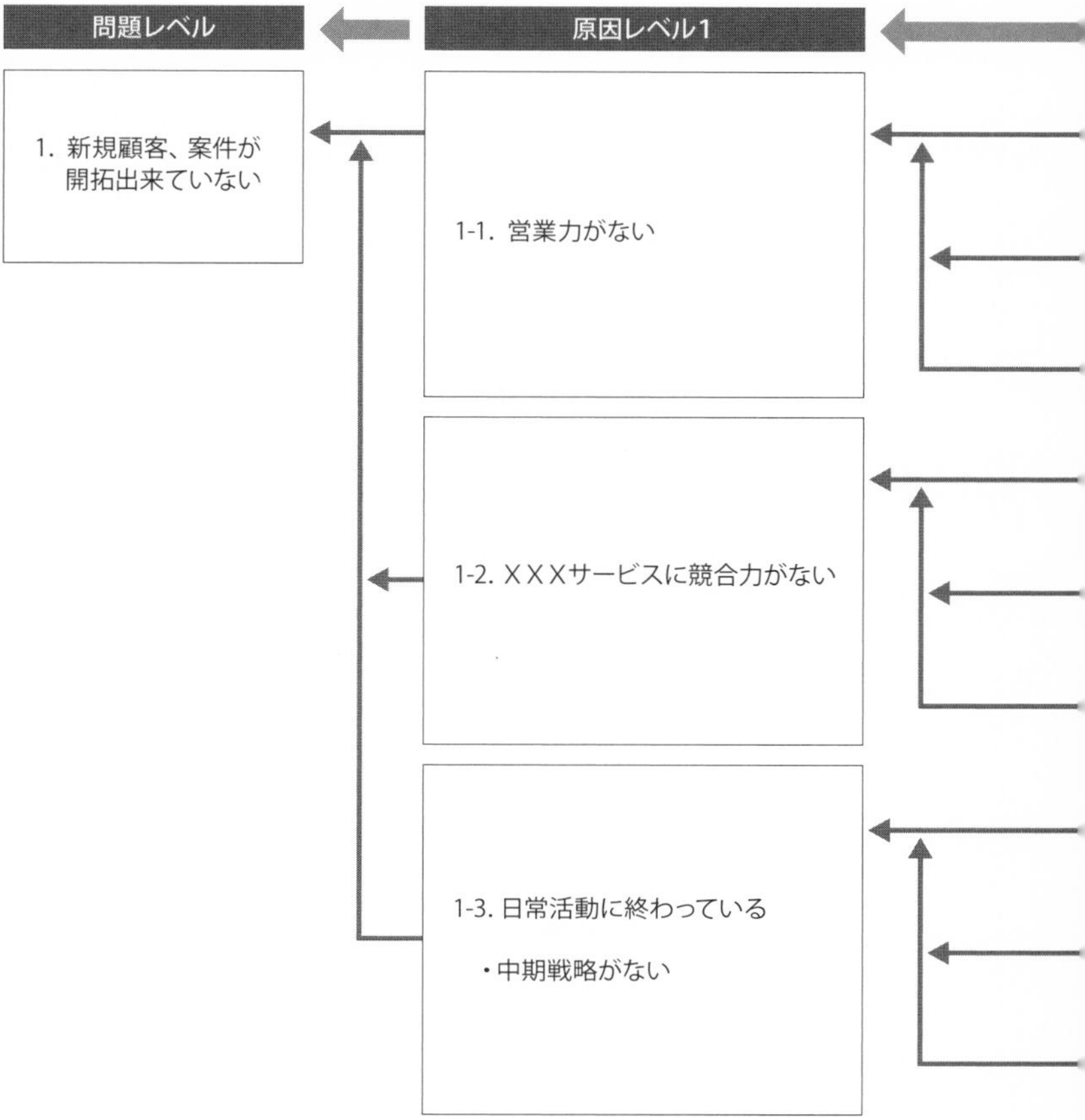

そのために何を	担当	いつまでに
1-1-1. ホームページ作戦 ①基本作成 （xxxxxは○○課長作成予定、他は案あり） ②社長挨拶文、写真の準備、③公開	xxx ○○	①12月初旬 ②11月末まで ③1月公開
1-1-2. 専任営業の確保 ①他部署からリーダー移動 ②営業xx期：1名、52期：2名	△△	xx期：準備 xx期：①+1名
1-1-3. まずは50期できること **①現場人材を採用し、現場から営業へ移す** **②営業教育**	xxx ○○	①202x/3 ②202x/4 〜 5
1-2-1. 既存拠点売上拡大 ①チラシ作戦 （現チラシの見直し、差別化訴求の工夫） ②チラシ持参でお歳暮訪問	xxx ○○	①12/11 ②12/31
1-2-2. 既存顧客からの紹介を増やす。 そのために、顧客の信頼を得る活動？		
1-2-3. 拠点拡大 拡大拠点候補地の選定 （地域環境調査、見込客候補調査）	xxx ○○	①202x/6
1-3-1. 市場調査、ニーズ調査（MDプロジェクトに参加）		
1-3-2. 具体的なアクションへ落とす作戦会議開催		
1-3-3. 新規買いシステムの要件定義		

図表３－５　アクションの設定の例（「ｘｘｘ事業」）

アクション展開ワークシート

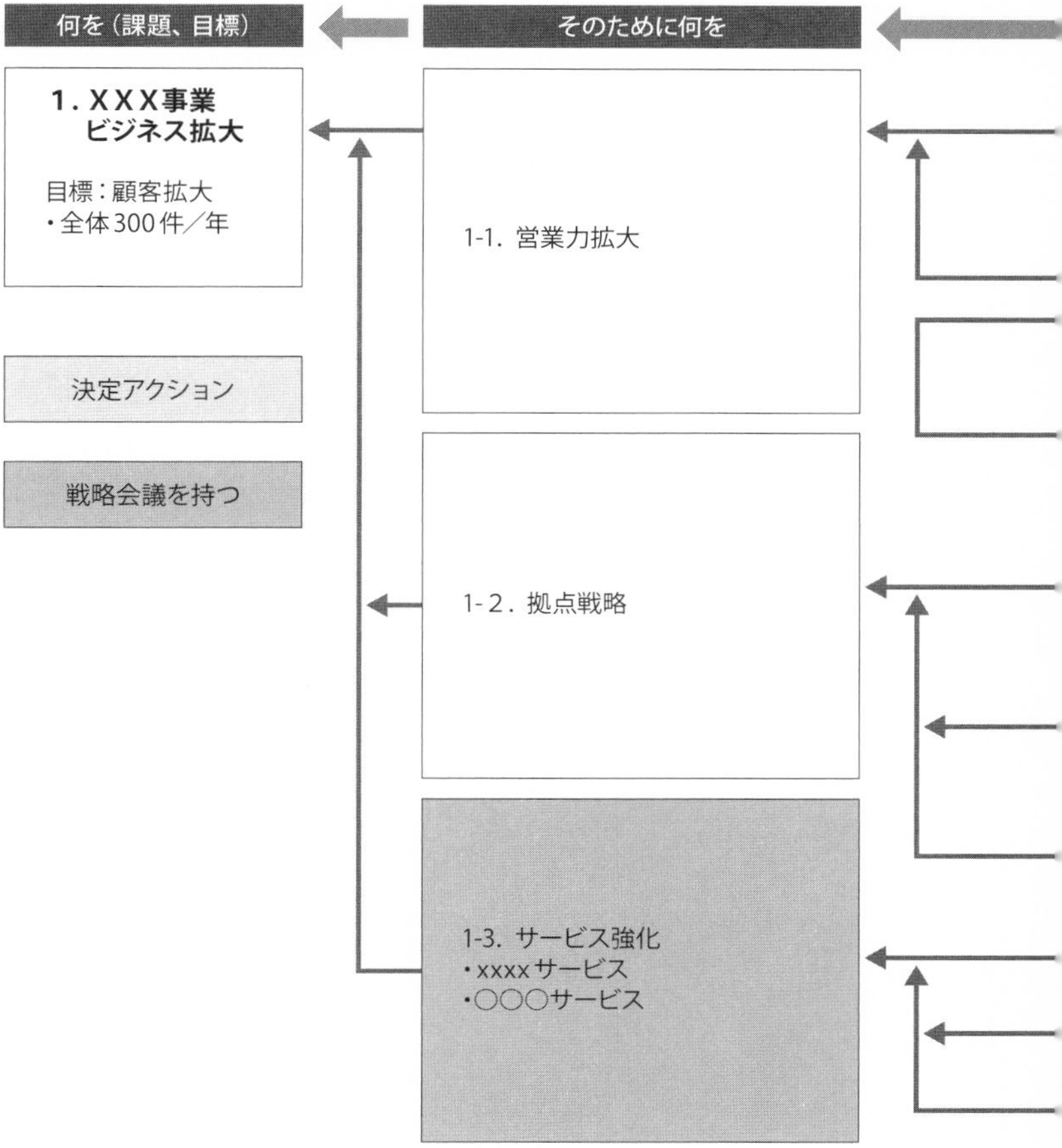

(2)　D(実行)：全社的なPDCAサイクルを効率的に回す

Ｐ(行動計画)に従って実行します。社長、経営幹部による経営戦略ができたら、これを下部組織に落としていくことになります。社長、経営幹部によるＤｏ(実行)は、部課長レベルのＰ作成を指示することです。

第１章の「図表１－６：各階層のＰＤＣＡがリンクする全社のＰＤＣＡ」をもう一度、ご覧下さい。図表の中央にある部課長クラスへ、これまで策定した戦略及び「誰がいつまで」と展開した全社レベルの行動計画を示します。

同様に部課長は配下の現場に部課長レベルの行動計画を示し、現場のＰ作成の指示を出すことで、全社のＰＤＣＡがリンクすることになります。

Ｐの段階で設定した戦略目標と達成指標の達成を目指し取り組んでいきます。

Ｄｏの段階で重要なことは、決めたこと(Ｐ)をやり抜く力です。このことに関し筆者がいつも使わせていただいているのが、日本電産の永守会長の次の言葉です。

「すぐやる、必ずやる、できるまでやる」

「明日やる」でなく、「今日やる」、「今やる」の気持ちが重要です。一般的には、諸々の日常業務をこなしながら新たなプロジェクトを進めるには、「やり抜く」気持ちが欠かせません。これが無いと日々の業務に100%、時間を費やしてしまいます。多くの企業で年度計画を立て全社員に向け計画発表会を大々的に開きます、しかし、明日から誰も動かない、動けない。気が付いたら、何もしないまま1年が過ぎてしまいます。

ではどうしたらできるでしょうか。もう一度、以下の3点を確認しましょう。

①アクション管理

計画（P）は「誰が、いつまで、どこまでやるか」まで落ちているか。

5W1Hまで落とすとやり抜く力がより強まります。

②時間管理

業務時間100%を年度計画（変革業務）に何%あてるのか。筆者は変革のためには、日常業務と変革業務の時間配分を以下のように考えています。

経営者　3：7　経営幹部　5：5　管理者　7：3　現場　9：1

経営者の場合、3割は、日常業務（判断、決定等）、7割は、将来のためと部下を育てることに使って下さい。現場も、1割は明日のための改善、変革に使ってください。

筆者がお手伝いしてきた100社を超える企業で、それができているところは多くはありませんでした。社長が日常業務に没頭しているだけでは、変わることができません。旧態依然の儲けの仕組みでは、毎年毎年利益は下降傾向に向かいがちです。

わかっているにもかかわらず、儲けの仕組み再構築が進みません。「頭ではわかるが、どうして良いかわからない」状態から抜け出すには、社長自身の時間管理を直すことからです。

考える時間、考え抜く時間を作りましょう。そして、考える時間をつらい時間でなく楽しい時間にしましょう。

■時間生産性を上げる時間管理

社内における役割に応じた時間配分を実現するには、日常業務も変革業務もそれぞれに集中できているか、集中するにはどうしたら良いか。ご存知の社長も多いとは思いますが、S．R．コビーの『7つの習慣』から時間管理を見てみましょう。横軸に「緊急」、縦軸に「緊急でない」を置き、縦軸に「重要」と「重要でない」を置きます。それを図表３－６に示します。第一領域はやるしかない領域で優先順位－１となります。

第二領域は「重要」ですが、「緊急でない」ところがポイントです。ここが、年度経営計画でうたった変革業務にあたります。ついつい、第一領域、そして「重要でない」第三領域、第四領域に時間がとられ第二領域が最後になってしまい、気が付いたら何もしない内に1年が過ぎてしまいます。第二領域を意識しましょう。

③集中力管理──時間生産性を上げる集中力

最近、集中力に関する書籍をよく見かけます。一例として茂木健一郎氏の著作『膨大な仕事を一瞬でさばく「瞬間集中脳」』(すばる舎)を参考にしてみましょう。先に述べた「時間管理」と、ここで触れる「集中力」が社長のアウトプットを決めるといってもよいでしょう。

様々な時間管理の研究から学んだことを筆者なりに整理してみました。図表３－７をご覧ください。

図表３－６　時間生産性の向上　時間管理：優先順位付け

	緊急	緊急でない
重要	（第一領域）　優先順位-1 ・締め切りのある仕事 ・クレーム処理 ・せっぱつまった問題 ・病気や事故 ・危機や災害 **✓ すぐやる**	（第二領域）　優先順位-2 ・人間関係作り ・健康維持 ・リーダーシップ ・勉強や自己啓発 ・品質の改善 **✓ 必ずやる、出来るまでやる** **✓ 段取を決め分割して確実に進める**
重要でない	（第三領域）　優先順位-3 ・突然の来訪 ・多くの電話 ・多くの会議や報告書 ・無意味なお付き合い ・雑事 **✓ すぐできるものから、時間が許す範囲で片付けて行く** **✓ 捨てられるものは捨てる。人に頼む**	（第四領域）　優先順位-4 ・暇つぶし ・単なる遊び ・だらだら電話 ・待ち時間 ・多くのテレビ ・その他の意味のない活動 **✓ 細切れ時間を見つけてひとつずつ片付ける** **✓ 捨てられるものは捨てる。人に頼む**

S. R. コヴィー：『7つの習慣』および日本電産永守会長の談話を元に作成

図表３－７　一人当たりの付加価値向上<= 集中力アップ

＜瞬間集中のコツ＞

瞬間集中で膨大な仕事もあっという間に片付く

- 「今、この瞬間」に深く集中することの積み重ねが「やり抜く力」になる
- 目の前の集中の対象以外は切り捨てる

人間の脳は集中を持続させないようにできている

- 1時間が限度といわれている。だから優先度付けが必要。「今、何に集中すべきか」緊急度（高い、低い）、重要度（高い、低い）のマトリックスで決定
- 回復させるには休養・気分転換が必要

次々に目新しい対象を与えれば、脳はすぐに集中できる

脳は他人に命令されるのが大嫌い

- やらされ仕事は集中しにくい。命令する人を「他人」から、「自分」に変える（他人の課題を自分の課題に置き換える）
- 一人ひとりが「自分」が決めたという実感を持つことが欠かせない

参考文献
①茂木健一郎著　『膨大な仕事を一瞬でさばく「瞬間集中脳」』　すばる舎
②ポール・ハマーネス、マーガレット・ムーア、ジョン・ハンク共著、森田由美訳『人生を変える集中力』　文響社
③スティーブンソン・R・コビー著『7つの習慣』　キングベアー出版

脳の構造上、集中力は長続きしないそうで、いくつかの提言があります。確かに筆者も思い当たる点があり、参考にさせてもらっています。

(3) C(チェック・評価)：計画(P)と実績(D)の差異をチェックする

計画通りに進んだか、問題はなかったか、残った問題はないかを確認します。

もし、Pの段階で図表3－5(アクション展開)が中途半端だと、ここでチェックのしようがありません。場合によっては、何のためにやっているのかあいまいになり、図表3－4(現状分析：課題深掘り)に戻ることも頭をよぎります。その場合、思い切って戻るのが早道でしょう。

チェックは一人で行う時は早い決断ができますが、プロジェクトの場合、会議でレビューが行われるので、会議の進め方にも留意が必要です。

＜会議の進め方ポイント＞

・司会者と記録係を明確にします。
・記録はアクション管理表で毎回進捗をレビューし記録を更新し、履歴がわかるようにしておきます。

※読者の方はアクション管理表のテンプレートをダウンロードできます。巻末の案内をご覧

ください。

・会議が終わったら、何が決まり、何が決まらなかったのかを明確にし、誰がいつまでにどのように進めるかを決めます。未決のものは、次回の会議で再度、取り上げるのか否か、取り上げるなら、いつにするか、また開催責任者を決めます。

・プロジェクト会議の場合、ややもすると上位の人、声の大きい人だけが発言しがちですが、全員参加型の会議を目指し、メンバーのやる気を引き出す会話も大事になります。実働するのはメンバーです。意識して現場の意見を吸い上げましょう。

・部下のやる気を引き出すため、上司は「感謝」からはじめ、「こうすればもっと良くなる」のアドバイスをしましょう。

・部下の人格を認める。行動に対するアドバイスに努め、人格を貶める発言は禁止です。

(4) A(対策)：Cの結果への対応を忘れずに

チェックの結果、計画と実績の乖離が生じたら、計画修正、場合によっては、新たな行動計画が必要になることもあるでしょう。場合によっては、最終アウトプット（目標）の内容が変わることもあります。

ここでの修正は、「図表1－6：全社リンクしたPDCAサイクル」にあるように上位のPDCAサイクルに報告され、上位も場合によってはP（計画）の変更が必要なこともあり得ます。そうして、全社PDCAのリンクが維持されます。

第4章

「変われる会社」に欠かせぬIT、AI、そしてDX

世はデジタルの時代となりました。「変われる会社」は、デジタル技術を取り入れて、競争力を高められる会社です。これからの社長はITに対する関心は必須となります。最新のIT事情、DXが意味するところ、ITを導入する際のステップについて解説します。

「変われる会社」へ――「儲けの仕組み」づくりのためのＰＤＣＡを効率良く回すには、もはや避けて通れないのがＩＴ活用です。最近ではあらゆる情報がアナログからデジタルに変わる社会であることを踏まえて「デジタル化」といわれます。

筆者はＩＴコーディネータとして企業がＩＴを選び導入して使いこなすお手伝いをしてきました。ＩＴシステムの構築には、製造現場、営業現場などの業務アプリケーションの採用や、ＩＴベンダーに依頼してのオリジナルシステムを開発する方法などがあります。

本書では、一つひとつのアプリケーションの個別論ではなく、社長として知っておきたいＩＴを活用する本質的なメリット、ＡＩ（人工知能）に代表される最新テクノロジー、そしてＤＸ（デジタルトランスフォーメーション）について解説します。

1 DX（デジタルトランスフォーメーション）とは

最初に、ＤＸ（Digital Transformation　デジタルトランスフォーメーション）の定義について簡単に確認しておきましょう。

経済産業省の定義によると、ＤＸは、「企業がビジネス環境の激しい変化に対応し、データとデジタル技術を活用して、顧客や社会のニーズを基に、製品やサービス、ビジネスモデルを変革するとともに、業務そのものや、組織、プロセス、企業文化・風土を変革し、競争上の優位性を確立することにある」としています。

令和元年の総務省の情報通信白書では、従来のＩＣＴ活用は「ツールとしての活用」、「デジタル・トランスフォーメーションでは、「ＩＣＴが産業と一体化することでビジネスモデル自体を変革する」と記載されています。

まず、ＤＸの前半である「デジタル」という単語は、「アナログ」に対する単語で、昨今は、テレビもデジタル、スマートフォンもデジタルと、社会がデジタル化してきたとの認識をお持ちと思います。

簡単に言うと、紙に書かれた手書きの文章がアナログで、パソコンに入力された文章がデジタルです。デジタル化すると何が良いか。簡単に書き直すことができる、電子メールで送れる、共有の場所（サーバー、クラウド）に置くといつでもどこでも、許された人で共有できるなどです。

紙の情報を共有するにはコピーを取って配ったり掲示板に貼るしかありませんでしたが、デジタル化で情報共有ができると業務の仕方が大きく変わり、以前では考えられなかった効率化が図れました。

では「トランスフォーメーション」とは何でしょうか。蝶がさなぎから「変態」し蝶になることもトランスフォーメーションと表現するそうで、今までの延長線上でなく、全く違う形になることを指します。ビジネスの世界での「トランスフォーメーション」は、上記の経済産業省、総務省の定義にあるように「変態」ではなく「変革」です。

すなわち、アナログの時代からデジタルの時代に変化して業務の効率化がまず進み、次に、デジタル化を前提にしたトランスフォーメーション（変革）の実現と理解しておきましょう。

図表４－１は、筆者のイメージする、ＤＸ以前とＤＸの姿です。

・ＤＸ以前

デジタル技術やＩＣＴサービスを道具として利用してビジネス・プロセスを変換し、効率化やコストの削減、あるいは付加価値の向上を実現する段階（デジタイゼーションということもあります）

・ＤＸ後

デジタル技術を利用してビジネスモデルを変革し、新たな利益や価値を生みだす機会を創出する（途中のプロセスをデジタライゼーションということもあります）。

まさに、この姿がＤＸの世界です。

●データドリブン経営

企業にとっては、この世界を「データドリブン（Data Driven）経営」ととらえることもできます。

データドリブン経営とは、直感や経験ではなく、収集したデータを分析し、意思

図表4－1　IT活用：DX以前とDX時代の違い

●デジタイゼーション

デジタル技術を利用して**ビジネス・プロセスを変換**し、効率化やコストの削減、あるいは付加価値の向上を実現する

●デジタライゼーション

デジタル技術を利用して**ビジネスモデルを変革**し、新たな利益や価値を生みだす機会を創出 する

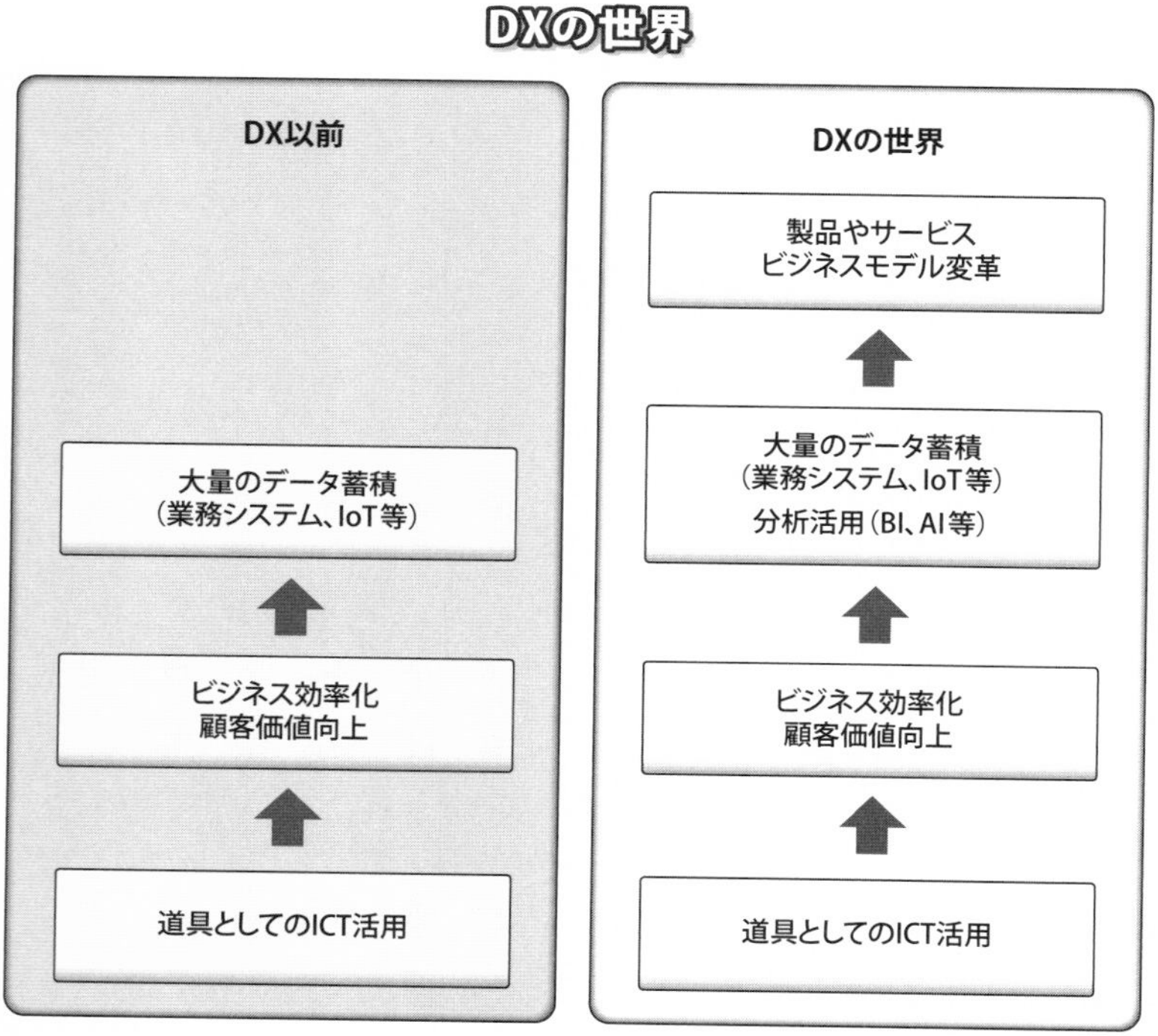

決定をし、組織を駆動（Driven）することを指しています。

例えば、経済産業省は、データドリブン経営を実践する企業の形として、「データ」「ビジネス戦略」「システム」の3つの要素が相互に連関するイメージとしています。データによる分析をもとにビジネス戦略を立案し、次にビジネス戦略を実際の仕組みやシステムに落とし込み、さらにシステムから得られたデータを次なるデータ分析に活かすといった一連のサイクルこそ、データドリブン経営の本質といえます。

2　DX実現における中核デジタル技術①　―　ＩｏＴ

ＤＸの実現における中核技術のひとつといえるのがＩｏＴ(Internet of Things)です。ＩｏＴは「モノのインターネット」といわれ、従来はインターネットに接続されていなかった様々なモノがインターネット接続され業務改善が進んでいます。

例えば

・電流・電圧、温度・湿度、人・物の出入り、圧力等、センサーからのデータを自動蓄積

・生産ラインの設備稼働率把握や異常の早期発見など

・物流であれば倉庫管理の改善や出荷システム、配送システムの効率化など

活用分野は多岐にわたります。

●ＩｏＴとは?

ＩｏＴでは、各設備から得られたデータがネットワークを通じてサーバーやクラウドサービスに接続され(つなげる)、相互に情報交換や分析、動作指示を行い(あつ

める）ことができます。

その結果、これまで個々の設備、工程に埋もれていたデータを蓄積し分析すること（活用する）が可能になります。様々な効率化に加え、今までなかったより高い価値やサービスを生み出すことができるのです。

つまり、ここで蓄積されたデータを分析し変革に活かしていくのが、ＤＸの世界です。

図表４－２にクラウドを活用したＩｏＴを構成する種々の技術・サービスを示します。

●IoTの用途

具体的な用途としては、例えば製造業では、データ収集・分析、モニタリング、予防／予知保全、作業効率化、遠隔制御などが挙げられます。ＩｏＴ導入が進むと、インターネットに接続されたセンサーやデバイスといった「モノ」から膨大なデータが収集されますので、ビッグデータの分析にＡＩの力を借りることも視野に入ってきます。

ＩｏＴの活用は業種、場所、用途が幅広く、業種別の活用状況は、製造業は3割、情報通信業、サービス業、卸売業・小売業が1割の状況といわれています。また、大企業では約半数が導入している一方、中小企業では1割に満たないという調査もあります。

製造業では「機械設備の稼働状況の把握」が主とした利用になっています。

様々な活用事例を知ることで自社の使い道が見えてくるでしょう。図表4－3にＩｏＴに期待する機能を整理しました。製造業の応用では、大きく「機器の監視」「機器の遠隔制御」「機器の予防／予知保全」があります。

これらの機能を応用すれば以下のようなことが実現できます。

①ＩｏＴによる設備の稼働状況の見える化

・生産管理システムとの連携による生産計画精度向上（正確なリードタイムの設定）

・リアルタイムな状態把握➡生産計画通りかの進捗監視、リアルタイムな生産調整対応

図表4－2 IoTを構成する種々の技術・サービス

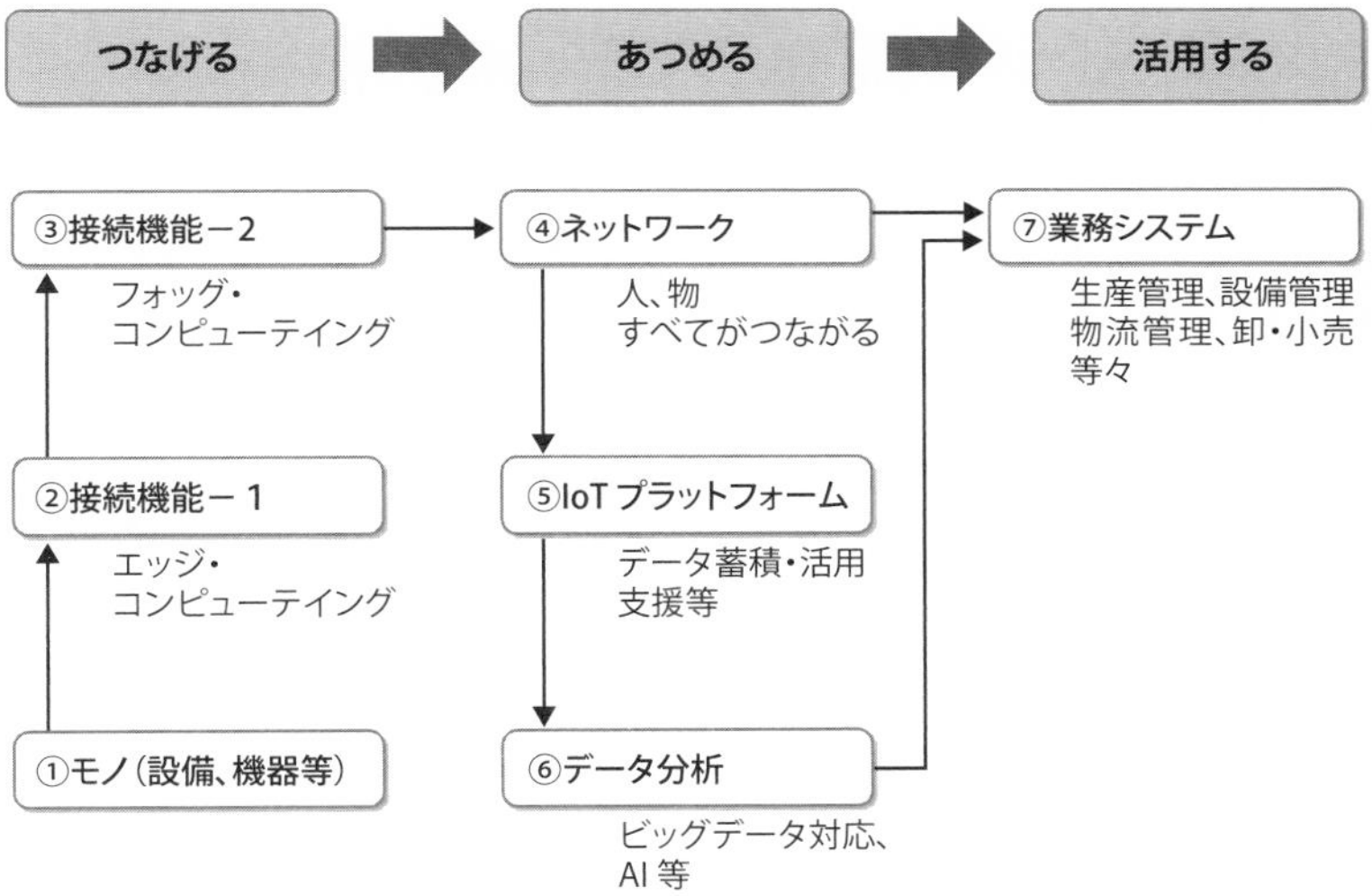

図表4－3 IoT活用が期待される分野例

	目的	実施項目	監視項目／操作項目
1	監視	•位置情報管理 •状態管理 •実績把握	•離れた場所にあるモノの環境（温度、湿度、気圧、照度、騒音など） •モノの動き（衝撃、振動、傾斜、移動など） •モノの位置など
2	遠隔制御	•機器運用 •機器更新	•モバイル機器で遠隔地から機器の制御
3	予防／予知保全	•稼働実績 •異常監視	•各種データを分析・処理し稼働実績の把握や異常監視

②正確な能力（稼働率）把握、分析
・生産能力向上、リードタイム短縮
・稼働率向上↑ 段取時間、トラブル停止時間、メンテナンス時間等の短縮
③処理条件と検査結果を把握し処理条件へのフィードバック
・品質向上
　例）金型の限界ショット数の精緻化（予防保全（部品定期交換等））
　↑金型等の処理実績データ収集＋ 検査データ収集
④処理条件と処理結果の分析によるノウハウの蓄積
・処理ノウハウ継承・作業効率向上
　両者のデータ分析からノウハウを蓄積するための標準化、マニュアルの整備
　↑属人化排除：処理条件、調整方法等のデータ収集＋ 結果データ収集

　ＩｏＴの普及には、各種センサー、カメラ（画像認識）、ネットワーク等の技術が進歩したことが背景にあります。例えば、製造業の各工程の工数実績を取りたいと

すると、これまで現場で人がパソコン、タブレット、スマホで入力しなければ採取できませんでした。ところがなかなか現場の入力の徹底が難しく、諦めてきた製造業が多くありました。

今では、人間に頼らず機器のシグナルを使い作業の開始時間、終了時間を自動的に採取しサーバーに蓄積することができます。そのデータを日々の管理に使うとともに貯まって行く膨大なデータを統計的に処理しリードタイム短縮のヒントが見つかる可能性があります。

昔は膨大な人手が必要、もしくは不可能だったことが、比較的容易に実現できるのです。

3　DX実現における中核デジタル技術②──ＡＩ

ＡＩは、ＤＸの中核デジタル技術のひとつです。ここでは、ＡＩの本質を理解しておきましょう。

●ＡＩ（人工知能）の本質をつかむ

ＩＴというと伝票発行機的な活用や省力化をイメージさせますが、その先を切り拓くのがＡＩ（人工知能）です。例えば、ＩＴを使うと、日々データが蓄えられていきます。データを伝票処理だけで終わらせず、徹底活用していきます。

現行システムで伝票を発行すると、例えば見積書の場合、見積の履歴が蓄積されていきます。これが1年貯まるとどのお客様から、どのような引き合いがあるかを分析することができます。このデータを見ると、お客様への営業アプローチ方法が変わるはずです。

また、見積データと受注データを比較すると受注確率が見えてきます。それをお客様ごと、商品ごと、季節ごと等々、さらに深掘りしていけます。

段階的に見ていきましょう。

・第一段階
伝票を印刷し、お客様へＦＡＸしたら紙で保管しています。伝票発行の履歴やデータの分析はできません、

・第二段階
伝票をインターネットで送り、紙は印刷しませんので伝票の山はありません。さらに伝票発行記録をＥｘｃｅｌに落とし、顧客別売上や時期別売上など分析を行うことができます。

・第三段階
Ｅｘｃｅｌは卒業して「ＢＩツール」を使い、複雑なデータも簡単に分析・グラフ化し経営層への報告書を作っています。さらに進んだ会社は、過去の膨大なデータ（ビッグデータと呼びます）をＡＩツールに読み込ませ、人間による読みだけではなく、ＡＩが学習した結果である「読みの力」の活用も視野に入れています。

例えばＡＩの活用により膨大な売上データから、将来の受注予測をして、生産計画に活かす。そのことにより、勘と経験で立てた生産計画によって生じる機会損失

や在庫増等を避けることができるかもしれません。また、製造業で多大な工数がかかっている「目による品質検査」を「カメラとＡＩによる自動検査」にできるかもしれません。

ただ、ＡＩはこれまでのＩＴツールのようにソフトウエアを買って、すぐ明日から使えるものではありません。蓄積されたデータの活用方法の検討、ＡＩで何ができそうかの検討、そのためのデータの取得方法等々、検討事項はたくさんあります。経験を積みながらノウハウを貯めていきましょう。本格的な効果を生むまでは多少の時間がかかります。ある程度時間を要するからこそ、すぐにでも一歩踏み出しましょう。

●ＡＩの活用分野

ＡＩの特徴と具体的な活用分野について説明していきます。

人工知能の考え方は30年ほど前からありました。いろいろな試みをしてきましたが、コンピューターに今のような性能が無く、実用には至りませんでした。

ＡＩは、人間の脳の神経網からなるネットワークを模倣する形で発展してきました。人間の脳は先天的に持っているニューラルネットワークと、生まれてから学んできたことを学習し得たニューラルネットワークからなります。ＡＩも同じように多くのことを学ばせて（膨大なデータから猛スピードで）ニューラルネットワークが作られるモデルといえます。これを「機械学習」と呼んでいます。

ＡＩは、ビッグデータ（膨大なデータ）の中から特徴量を見つけデータを瞬時に分類できる特性があります。

例えば、膨大な動物の画像データから猫、犬、猿の特徴を学習します。そして、新しい画像データを見たときに、それが猫か、犬か、猿かを瞬時に予測判断することができます。

近年、システムの性能が上がり、瞬時に休むことなく実行しやすくなったことから、幅広いビジネスの応用が考えられるようになりました。

ただし、精度を１００％に近づけるには多くのデータが必要です。１００％に近付けることはできても、１００％にはなりません。

こうした特性から、図表４－４に示すような分野に応用されています。

ＡＩの適用分野は、大きく、「画像認識」「音声認識」「データ予測」に分かれます。

一番、応用が進んでいるのが画像認識といえます。今はあらゆるところにカメラが

図表４－４　AIを活用してできることの例

	機能	できること	活用シーン
1	**画像認識及びその分析・判断** 大量の画像データを読み込み学習することで、良品・不良品の違いなどを習得する等	高速物体認識	•製造設備の異常検知 •生産工程においての物体検出・検知 •製品の不良検査 •侵入検知・監視等
		高速文字認識	•マニュアルの自動翻訳 • FAXの自動読み込み
		高速顔認識	•入退室検査等の個人特定 •パソコンのID、パスワード代替
2	**音声認識及びその分析・判断** 大量の音声データを処理することで、方言や言い間違いなども正しく認識・翻訳する等	高速音声認識	•会議での自動通訳 •現場での適正作業指示 •コールセンター等の自動応答
3	**データ予測** 画像認識、音声認識及びITシステムからの膨大な数値データから、因果関係や、相関関係、論理関係を見つけ出し、それを元に最適化	膨大なデータからの特徴を抽出し、条件変化に応じた高速予測	•市場の需要予測 •製品の販売予測による生産計画 •機械操作の自動化、製造 •故障予知によるメンテナンス時期の最適化 •マシンのダウンタイムの削減等

セットされていますが、その膨大な画像を分析することにより、人には見えなかった多くのことがわかってきます。

「瞬時」に判断できるのもＡＩの大きな特徴のひとつです。例えば、工程を流れる製品を画像に撮り、瞬時に良品、不良品の判断が可能になります。それだけで大きな投資対効果が出ることは製造業の社長なら安易に想像できるのではないでしょうか。

このようにＡＩの応用分野は知恵次第で無限に広がっていきます。

ちなみに、経済産業省の「ＡＩ導入ガイドブック」では、中小企業にとって以下のことが期待できるとしています。

・２０２５年までの中小企業へのＡＩ導入による推定経済効果は11兆円
・売上増加・コスト削減等生産性向上による利益増加
・「匠」の知識を体系化することによる技術継承の促進・若手の育成
・単純作業からの解放と、より創造的かつ工夫や思考が求められる業務への転換を通じた従業員の満足度向上
・ＡＩ知識を持つ人材を含む人材の採用・ひきつけ

いいですね。ここを目指しましょう。ではどう進めるか。ＡＩの活用、さらに

ＤＸに向けての活動は、自社のビジネス遂行力のレベルに合わせ一歩一歩実現していくことです。業務の記録や情報共有が紙ベースの会社に、いきなりＡＩと言われても手の打ちようがありません。まず、デジタルで情報を扱うことに慣れ、メールやグループウエア、チャットなどを使いこなし、お客様とデジタルでコミュニケーションし、業務システムを使いこなしながら、ＡＩ活用も視野に入れていきましょう。

参考までに、経済産業省の「ＡＩ導入ガイドブック」から図表４－５にＡＩ導入事例を載せました。それぞれ、成果が出ていますね。

●人間のツールとしてAIを使いこなそう

ＡＩと人間の関係がどうなっていくか、将来はまだまだわかりません。ＡＩは人間を超えるとの話もありますが、現時点のＡＩの機能は、あくまで人間のツールとしての位置付けで考えて良いでしょう

ツールとしてみたとき、ＡＩの役割は次の二つに集約されます。

・人間がしてきたことをＡＩが代わりに行う（高速に、休みなく）

・人間ができないことをＡＩが担う（人間が気づかなかった法則などを探る）

この特性をうまく使い、人間とＡＩの役割分担でＤＸを推進していきましょう。

図表４－５　AI導入事例

経済産業省「AI導入ガイドブック」より

	企業名	導入前作業とその成果		導入後作業とその成果	
1	株式会社 ヨシズミプレス 製造業 素材型プレス	小さな傷や変形の検査は神経を使う 顕微鏡検品は心身ともに負担が大きい	月当たり50万個の目視検査 ：6名で約10日	ベルトコンベアにつながる整列機に投入、整列した製品をAIが判定し、不良品は自動でベルトコンベア上から除外	検査の総時間 **約40%削減** 目視検査製品数 **95%削減**
2	墨田加工 株式会社	数千個も同じ製品の細かい傷を見続けるのは眼が疲れる	月当たり 約4,320個 目視検査 ：2名で3日	製品を箱より取り出し、AIが入った検査機械に人手で製品をセット AIがOK・NGを判断	目視検査の時間 **36%削減**
3	株式会社 グッデイ ホームセンター	売上計画策定 10人以上の仕入れ担当者が独自の方法で年間約900の仕入れ計画を策定		売上計画策定 過去の売上や天気情報を基に売上をAI予測 **売上前年比124%**	
		経営層との対話 気温の見込み・予測のロジックが属人的で、会話が噛み合わない		経営層と対話 AIの予測に基づく生産的な会話が可能に 売上増の中、過剰に発注することなく平均在庫を低いレベルで抑えながら売上を伸ばせた	
		在庫管理 仕入れ先への返送等、在庫管理業務が発生		在庫管理 在庫の削減により、在庫管理業務が大幅に減少 **平均在庫－16%**	

https://www.meti.go.jp/policy/it_policy/jinzai/AIutilization.html

4　DXへの道のり

(1)　日本の国際競争力とデジタル化

ここで、デジタル化の推進について、世界における日本の実力を見ておきましょう。

日本の国際競争力の現状を図表4－6に示します。IMD「世界競争力年鑑2021」からのデータで、調査対象国は63ヶ国です。2020年からのコロナ禍では、政府、企業のデジタル化が国際的にいかに遅れを取っているかが露見されてきました。

1990年代、世界における日本のビジネス競争力は1～4位でした。しかし2005年は17位、2019年は30位、2021年は、34位とどんどん落ちています。2021年のデータはありませんが、2020年は「ビジネス効率性」の内訳である「デジタルを活用した業務改善」は59位、「ビッグデータ分析の意志決定への活用」

図表４－６　日本の国際競争力比較　DX関連・国際競争力

日本の国際競争力は1989年から1992年までは首位を キープ、今は？

評価項目	2018	2019	2020	2021
1．総合順位	25位	30位	34位	31位
2．ビジネスの効率性	36位	46位	55位	48位
3．政府の効率性	41位	38位	41位	41位

2021年 IMD「世界競争力年鑑2021」より
World Competitiveness Rank 2021
https://www.imd.org/centers/world-competitiveness-center/rankings/world-competitiveness/

は63位、「デジタルトランスフォーメーション」は61位でした。国も大企業、そして中小企業にとっても喫緊の課題です。

要因の一つはデジタル化の遅れといえるでしょう。挽回するには、ＤＸの世界に向かわざるを得ません。

日本の中小企業におけるデジタル化はどのような状況でしょうか。図表４－７に示したように第一ステップ「ＩＴ活用の基本体制づくり」、第二ステップ「全社ベースの踏み込んだＩＴ活用」、第三ステップ「ＤＸの世界」と分けると、多くはＤＸの世界より手前のステップにあります。

一歩ずつ前に進んで競争力を高めていきましょう。

ＩＴ導入や活用プロジェクトの進め方について少し詳しく解説します。

図表4－7 進もう！DXへの道のり

DXへの道のり	IT活用の基本体制づくり	全社ベースの踏み込んだIT活用	DXの世界
① 業務の標準化	文書化されていない業務のながれ（属人的）	全社的に文書化された業務の流れ	•全社的に文書化され常に見直し •データ活用の経営スタイル
② ITシステムの導入状況	紙ベース、個人レベルのExcel活用から抜け出し、一部、POSレジ、会計、受発注管理システム等を導入 ただし、データ活用はまだで、伝票発行機能などにとどまっている	•基幹システム導入 —受発注管理、在庫管理 —生産管理 —勤怠・給与 —財務会計　等々 •情報共有ツールの活用 グループウェア（メール、カレンダー、文書共有） SFA（営業活動支援システム）	•基幹システム、情報共有ツール、MA（マーケティング支援） HRM（人事情報システム）等全業務での情報共有 •ビッグデータ解析（Excel、BIツール） •AI活用の調査・準備
③ データの蓄積	伝票発行機の範囲でデータは蓄積されている	•基幹システムデータの蓄積 •情報共有ツールベースの蓄積 •IoTによるデータの収集・蓄積が始まった	•基幹システムデータの蓄積 •情報共有ツールベースの蓄積 •IoTによるデータの蓄積 •社外とのやり取りデータの蓄積
④ データ分析	データ分析無し、勘と経験の世界	•Excelによる分析 •BIツールの活用	ビッグデータ解析、AIの活用でビジネスモデル変革を狙う
⑤ データのやり取り	FAX、メールの使用	FAX、メール、情報共有ツール クラウド上の共有ファイル	インターネット経由の、人to人、企業to企業、モノtoモノ

まだＩＴ活用が部分的であったり、個人ベースにとどまっている場合、「全社ベースの踏み込んだＩＴ活用」へ歩みを進めましょう。

業務のプロセスに沿ったＩＴ導入を行い、社内で共有し、データを活用し、効率を高めたり顧客対応を強化したり、より良い現場対応を行ったり成果を出していきます。

(2)　ＤＸへの道・第１段階：　手段は問わず、業務を標準化する

紙ベース、Ｅｘｃｅｌベースでも良いので業務の流れを標準化しましょう。

【ステップ１】プロジェクト計画

①全社の業務を棚卸する。（ＤＭＭ図といいます。：図表１－７をご覧ください）

②業務と業務の間にどのような情報、データが流れているかを絵にする。

（ＤＦＤ図といいます。：図表１－８の例をご覧ください）

③現状の課題を明らかにし人間系、ＩＴ系での解決策を検討

④ＩＴ化する業務全体の決定と優先度を決める。人間系の対策の優先度を決める。

⑤ＩＴ導入後の業務の流れの図（ＤＭＭ）、データの流れの図（ＤＦＤ）を描き、業務要件、システム要件を決める。関係者全員で、業務が回るか確認。

↓ステップ2へ

【ステップ2】標準化に沿って現場で実行（紙、ＥｘｃｅｌでＯＫ）

①ステップ1で決めた業務要件、システム要件を実現するために、新しい業務の仕組みを組み上げる。データの記録や共有は、まずＥｘｃｅｌでできるところまでで良い。実行の目標ラインを明確にしておく。

②目標に向けて、誰が、何を、いつまでに…と5Ｗ1Ｈで新業務の仕組みづくりの行動計画を作成する。

③行動計画を実行。定期的に進捗管理をしていく。

＊仕組み構築メンバーには、実行に欠かせない現場のキーマンを必ず入れる。

④現場で発生した問題をつぶして、本番へ。

⑤実運用に移行してからも課題は出てくる。よく見て一つひとつ対策を打つ。

(3) ＤＸへの道　第2段階：「部分的なデジタル化」から「全社ベースでの踏み込んだＩＴ活用」へ

第2段階は、様々な業務用ソフトを導入するケース(A)、ＤＸの模索やＩｏＴなど新技術の活用(B)の二つに分け、解説します。

第2段階ーⒶ　本格的な基幹システム、情報共有システムの導入（受発注、生産、買掛・売掛、勤怠給与、財務会計など、業務用ソフトウェアの活用）

【ステップ1】プロジェクト企画からプロジェクトキックオフまで

進め方（DMM、DFDを描き、業務を標準化する）は第1段階と同様ですが、少し大掛かりな社内プロジェクトとなります。

また、第2段階では、ITベンダー（システムインテグレータ）の会社に開発依頼、またはソリューション（パッケージ導入ないしインターネットを経由して利用するクラウドシステム）の導入を依頼することになります。この点を中心に解説します。

■ソリューション選択、ITベンダーの選択

①先に決めた業務要件、システム要件をベースにITベンダー向けの提案依頼

書を作成する。完璧な提案書はなかなか難しいので、会社の現状、社長の想い、ありたい姿等も記載し、ＩＴベンダー側からの積極的な提案がもらえる方が良い。

＊会社として初めての経験なら、この後の作業も含め、無事に本番になるまでＩＴコーディネータなどの外部専門家に支援してもらうことをお薦めします。専門用語が飛びかうこともあるので、会社側とＩＴベンダー間の良好なコミュニケーションのためにも外部専門家が役に立ちます。外部専門家を探すときは、金融機関、産業振興公社、商工会議所等の支援機関に相談されると良いでしょう。

②提案依頼先のＩＴベンダー及びソリューション（パッケージ導入ないしクラウドシステム）を選ぶ。

システム要件により、オリジナル開発を依頼するのか、パッケージのカスタマイズか、パッケージもオンプレミス（自社にサーバーを設置しシステム構築することを指します）の導入か、クラウドシステム（インターネット上のサービスを月額料金で使用するケースが多い）の導入かがある。要件に合う方法、

図表４−８　全社ベースでの踏み込んだIT活用への手順

＜業務用ソフトを導入するケースの基本形＞

ステップ1　プロジェクト企画からキックオフへ

計画	・業務を棚卸する ・業務間のデータの流れを整理する ・課題を抽出する ・人間系、IT系での解決策を検討する ・IT導入後の像を描きシステム要件を決める
ITの選択	・提案依頼書を作成し、ITベンダーから提案を受ける ・ITを購入する形態を選ぶ （システム構築、クラウドサービスなど） ・提案内容について社内で評価・選択する
プロジェクト体制固め	・全社プロジェクトとし、できればナンバー２をプロジェクトオーナーに
プロジェクトキックオフ	・社長が、目的や目標、決意等を宣言

ステップ2　IT導入プロジェクト

計画づくり	・インプット、アウトプット、日程を明確に
実行＆進捗管理	・リアルタイムの情報共有
試行・不具合叩き出し	・本番前にできるだけ不具合を解消

ステップ3　本番稼働と確認

運用状況のレビュー	・社長は目を離さず現場と一緒に対策を打つ

ＩＴベンダー及びソリューションを選択する。ＩＴベンダー及びソリューションの提案依頼先は1社だけでなく数社へ依頼する。

③ＩＴベンダーから提案が来たら、評価選択を行う。社長はじめ、ナンバー2、経営幹部及び業務関連者が関与する。目的を果たせるか、自社で使いこなせそうか、費用対効果はどうかなどが主たる評価ポイントになる。

■プロジェクト体制固め

全社プロジェクトとする。ナンバー2がプロジェクトリーダー、社長はプロジェクトオーナー（最後、投資も含め決める人）とし、目を離さないことが重要。

■プロジェクトキックオフ会議

社長からプロジェクト開始の宣言をする。例えば、

・会社の重要経営課題「ｘｘｘ」の対策の一つとして必達プロジェクトである。
・プロジェクト目標：終了時期はｘｘｘ、投資対効果はｘｘｘ
・日常業務以外にプロジェクト業務を行うのは大変なことと認識している。だから全社をあげて取り組む。全経営幹部、管理者はプロジェクトメンバーを

支援すること。

・必達のためプロジェクト詳細計画をしっかり時間をかけて作成すること。ここも全経営幹部、管理者は他人事にならぬよう。

・決められた計画は「すぐやる、必ずやる、できるまでやる」をこのプロジェクトの方針とする。

・作成した計画を、徹底したＰＤＣＡサイクルで回していく、その状況を毎月の経営会議でレビューし必ず次のステップへの進め方を承認するものとする。

【ステップ2】IT導入プロジェクト活動

ＩＴ導入プロジェクトを遅れずに形にするためのポイントを紹介します。

①詳細プロジェクト計画づくり

プロジェクト方針に従い、大きなマイルストーン、さらに展開した行動計画を作成する。必ず、インプット（前工程のアウトプット、人／モノ／金のリソース等）、アウトプット（どうなれば良いか）と日程計画を明確にする。

＊詳細計画づくりには、「図表3－5：「誰がいつまで」と言えるまでアクション

へ落とす」も参考にしてください。マインドマップのアプリをお使いの方は、そちらの方が操作も簡単で、次々とアイディアが出やすいです。

②実行&進捗管理：プロジェクトメンバー間のリアルタイム情報共有

・関連部署間のリアルタイムな情報共有を行う。情報共有のため定期的な（週一、月一など）プロジェクト会議だけではタイムリーな状況把握、タイムリーな対策をうちにくく手戻りの原因となる。

・リアルな情報共有には、カレンダー（スケジューラー）、チャット、ファイル共有の無料アプリも使える。社長をはじめ、経営幹部、管理者もいつでもリアルな状況が見えるようにするとよい。

③現場で試行、不具合の叩き出し

・現場で試験的にＩＴシステムを活用し、見えた問題をつぶしてから本番運用する。

・不具合対応に時間を取られると本番開始がズルズルと遅れるため、経営幹部を含めたリアルタイムな情報共有が必須となる。

【ステップ3】本番稼働とその後の確認

本運用後も、問題は発生します。使い勝手など、特に現場の声には耳を傾けてください。本番開始後、少なくとも3ヶ月、状況、運用監視によっては半年、定着するまで、社長は目を離さないでください。

運用状況をレビューし、出てきた問題を現場と一緒に対策を打っていきます。経営者が判断すべきことも生じますので、コミュニケーションを密にし、素早い解決を図ります。

計画したITシステムが業務に定着したら、次の優先度となる業務のIT化へ。予定した全体がIT化されるまで繰り返します。ここで、IoT導入でさらなる効率化を図っても良いでしょう。ある程度手ごたえを感じられたそれぞれのタイミングで第3段階、DXの世界を指向します。

第2段階―Ⓑ DXの世界へ向けた準備、IoTの検討も

業務にITシステムを導入して結果を得られた一方で、新たな課題が見えてくることがよくあります。

・設備の稼働状況が把握できず、きめ細かな生産計画が立てられない
・トラブルが発生すると設備が停止したり、不良を出したりする。そのため、夜間でも作業者の監視が必要。人不足、人件費増を何とかしたい
・設備のトラブル発生時に、ロスが発生したり、自動生産停止に気づかず修復が遅れる
・品質データの記録に多大な工数がかかっている
・熟練工の経験・ノウハウの継承がなかなか進まず、生産性向上、品質確保に問題がある
・生産状況や工程進捗状況がわからず、顧客からの問い合わせ対応、クレーム対応に支障が出ている

業務の流れをサポートするＩＴシステムに加え、ＩｏＴ導入も視野に入れることが考えられます。第２段階－[A]の「本格的な基幹システム、情報共有システムの導入」との相違点を記載します。

ＩｏＴなどの新しい技術を適用する場合は、ステップ２「導入プロジェクト活動」の段階で技術的な検討、ＩｏＴサービス提供者との打ち合わせ等を行います。

ＩｏＴの活用を視野に入れる場合、基幹システム導入の際、システム要件決定時にデータがつながるか等をチェックしておきましょう。

ただ、基幹システムとＩｏＴシステムの同時導入は重いので、ＩｏＴを後にするのがお勧めです。

(4) DXへの道 第3段階：「DXの世界」へ

いよいよ「ＤＸの世界」へ近づいてきました。さらなる改善、データの収集、蓄積、データ解析の推進を行います。基幹業務のＩＴシステムから、またＩｏＴからのデータの活用が始まりました。ここでは、運用が進むにつれ蓄積される貴重な大量のデータ（ビッグデータ）をどう料理し、どう経営に活かしていくかの仕組み作りです。ＤＸと関連が深いデジタル技術にもう一度戻りましょう。ビッグデータの分析については、Ｅｘｃｅｌ、ＢＩツールそしてＡＩの活用があります。

■Excel、BIツールでのデータ解析、業務への埋め込み

Ｅｘｃｅｌは多くの統計関数を持ち、工夫すればＡＩのディープラーニングな

ど高度な利用が可能です。ただ、操作に精通した人材が必要です。ＢＩツールは、データを分析・見える化し役立てるためのソフトウェアであり、最近は操作性が良くなり使いやすくなっています。

いずれにしろデータをどう活用するかの素養が必要です。

■AIツールの活用

ＡＩの活用はＥｘｃｅｌ、ＢＩツール以上にハードルが高いと考えている人が多いと思います。ただ、ハードルを下げる方法もあります。

それは、ノンプログラミングツールでＡＩモデルを作成する方法です。最初は外部専門家に相談するのが良いでしょう。

ＡＩの導入のステップは、【ステップ１】はこれまでと同様に進めます。【ステップ２】では、ＡＩはソリューションを導入し、明日から動くわけでなく、「検証モデル」を作り検証するステップとなる点に注意します。ここでＡＩ活用の可能性、費用対効果を図ります。ＡＩ活用が有効と判断したら、「運用モデル」を作成し本番へ向かいます。

ＤＸは、仕組みができてからがスタートととらえましょう。競争力維持のため日々更新、精度を上げていきます。

デジタル技術を道具として人間系の業務、プロセスを変えるべく、図表１－６にある全社ＰＤＣＡを回します。その過程でＡＩのモデルに再学習をさせ精度を上げるなどの取り組みが求められます。

ここまで、ＩＴ活用の進め方とレベルアップ、ＤＸへの道のりを説明しました。

ＤＸを進めることが、本書のテーマである「変わる会社の目指すところ」となるはずです。

支援先事例紹介

「変われる会社」事例紹介

株式会社フードケア

「変われる会社」の事例として、神奈川県相模原市にある株式会社フードケア様（竹内豊社長）を紹介します。

介護食品の開発・製造・卸・販売を営み、ファブレスで、企画・開発および代理店への販売支援にリソースを集中し、少数精鋭主義を貫かれています。

まず、図表4－9をご覧ください。グラフでわかるように、売上は毎年上がっており、一方で社員は極力増やさない。特に間接部門の社員はＩＴ活用で押さえることができました。その結果、社員一人当たりの売上は、1・1億円以上を維持しています。

創業以来、赤字なし、毎年増収の実績です。

筆者は足掛け10年ほど、ＩＴ導入・活用面を中心にお手伝いさせていただきました。ＩＴの第1次導入と、第2次導入では、第4章にある段階的な進め方で、ほぼ、全員が自立し問題解決しており、進め方のノウハウが社内に蓄積されてきました。その蓄積されたノウハウで第3次のＩＴ導入は自社だけで進めていらっしゃいます。

図表４－９　フードケア　経営改革とIT活用の経緯

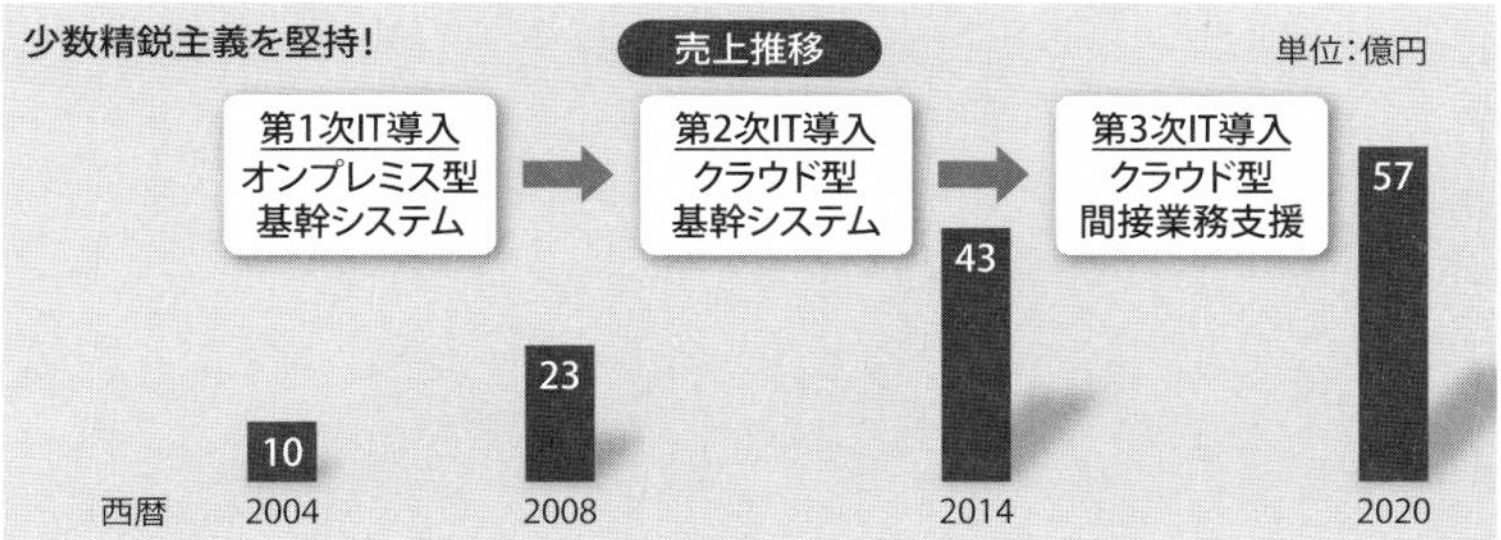

社員数	10				23						32						54	
売上／社員数	1.0				1.0						1.3						1.1	

資料提供：フードケア

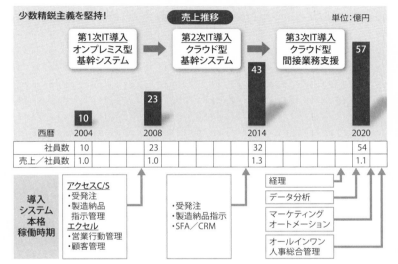

支援先事例紹介

この本で訴えたかったことを、創業時から段階的に進められた素晴らしい事例です。各章で提言したことは、ほとんど実現しています。

●ゴールの明確化、提供する顧客価値の明確化、全社共有

特に顧客の視点では、創業前から社長が社内ベンチャーとしてこの業界にチャレンジしてきたこともあり、十分市場の理解がされ、業界での人脈を確保していることが大きな強みになっています。卓越したビジネスモデルで、第２章で述べた「戦略ストーリー」にて、「ブルー・オーシャン」の市場を開拓してこられました。

●優秀な人材の確保、自立した人材育成環境づくり

リクルートのための積極的なリソースの投入、方針を提示し後は任せる、という企業文化となっています。

●仕組みづくりは、「少数精鋭主義を堅持！」を徹底

攻めのＩＴ化を進めてきたといえます。ＩＴ化の意義を理解する社員が、自立的に計画し、実行し、成果を生み出してきました。

この道程を振り返ってみましょう。

当初はデジタル化を順番に進め、現在は高度なＩＴ活用を実現しＤＸの世界に近づいています。社内の仕組みはできたので、内容の深掘り、全社定着が今後の課題でしょう。

以下にＩＴを導入してきた様子とその成果を紹介します。

【第１次ＩＴ導入】２００５年〜２００６年

■受発注・製造／出荷指示機能をMicrosoft Accessで開発
〜ＩＴの力を意識して、導入を着々と進める

起業直後は基幹システムなどはなく、簡単な販売管理パッケージとＥｘｃｅｌと白板管理の状態でした。新鮮な製品をお届けする意味から、「受注は午前11時までに受け、夕方までに納品の方針」を守るため、電話が鳴りっぱなしの中で、受注を受けると白板に記録し、製造指示、出荷の指示を委託工場に電話／ＦＡＸで伝え、進捗管理は白板で行うといった毎日がパニック状況でした。

受注から出荷指示までのシステムを開発し、クライアント／サーバーシステムを導入。この状態からの脱却が果たせました。４名で行っていた作業を３名でで

支援先事例紹介

きるようになり、1名は付加価値の高い業務へシフトできました。

■少数精鋭の営業活動の記録・共有

Ｅｘｃｅｌの営業管理で、業務の標準化を進めました。

少数精鋭の営業は、月曜日に集まり、個々の営業活動をレビューし作戦を討議します。その記録はＥｘｃｅｌ上にありますが、営業活動管理、顧客情報管理ができるようにはなっていません。ＳＦＡ（営業活動支援システム）の導入を営業のキーマンと検討しましたが、全機能を理解し使いこなすのは簡単ではないだろうとのことで、まずはＥｘｃｅｌで関連者が情報共有できるようにし管理することにしました。これは正しい判断だったと思います。

【第２次ＩＴ導入】２００９年〜２０１０年

■受発注・製造／出荷指示機能をプライベートクラウド化

〜本格的な基幹システム活用から業務標準化まで

第1次導入から5年立ち、売上は年々上昇していきます。並行して業務量もどんどん増えていきます。「少数精鋭主義を堅持！」の方針のもと、人を増やさず、顧客の要求に応えるには、いよいよＩＴシステムの更新が必要となってきました。ここで筆者は再度お手伝いすることになりました。

第1次導入の時と同じように、定番の進め方、すなわち、「経営戦略の確認、業務要件の定義、システム要件の定義、開発依頼先の選択、導入プロジェクトの立上げ・進捗管理、本番稼働」の順に、進めました。

■クラウドSFA（営業活動支援システム）の導入

第1次導入では、Ｅｘｃｅｌベースで仕組みをつくり上げました。営業のベテランが取り組んでくれて全社で情報の共有ができました。この判断は正しく、このタイミングでＳＦＡを導入したところ1年を要さず定着し、さらなる営業活動に役立っています。

第2次ＩＴ導入の1年後、社内で成果をレビューされました。図表4－10では営業部門の成果が、図表4－11では管理部門の成果が、各業務コストの削減率で示されています。

総務部は管理部門業務といわれる「総務・人事・経理・法務・財務・広報・システム」のみならず、営業管理業務の「受発注・物流・購買」やクリエイティブ業務も合わせ、8名で残業なく全業務を行っています。

まさしく「少数精鋭主義」を実施している部門となります。

【第3次IT導入】2018年～

第3次導入で進めている人事総合管理システムを、データ分析のBIツール、そして、既に使いこなしているSFA及び基幹システムと連携するマーケティング・オートメーション（MA）を導入されました。使いこなすためには、少し時間がかかるでしょうが中堅企業、大企業に負けないITの装備になっています。

第3次IT導入の内容をご紹介しましょう。すべて、社内にサーバーを置かず、インターネット経由でサービスを利用するクラウド活用です。

図表４－10　IT導入後の成果(1)　営業部門

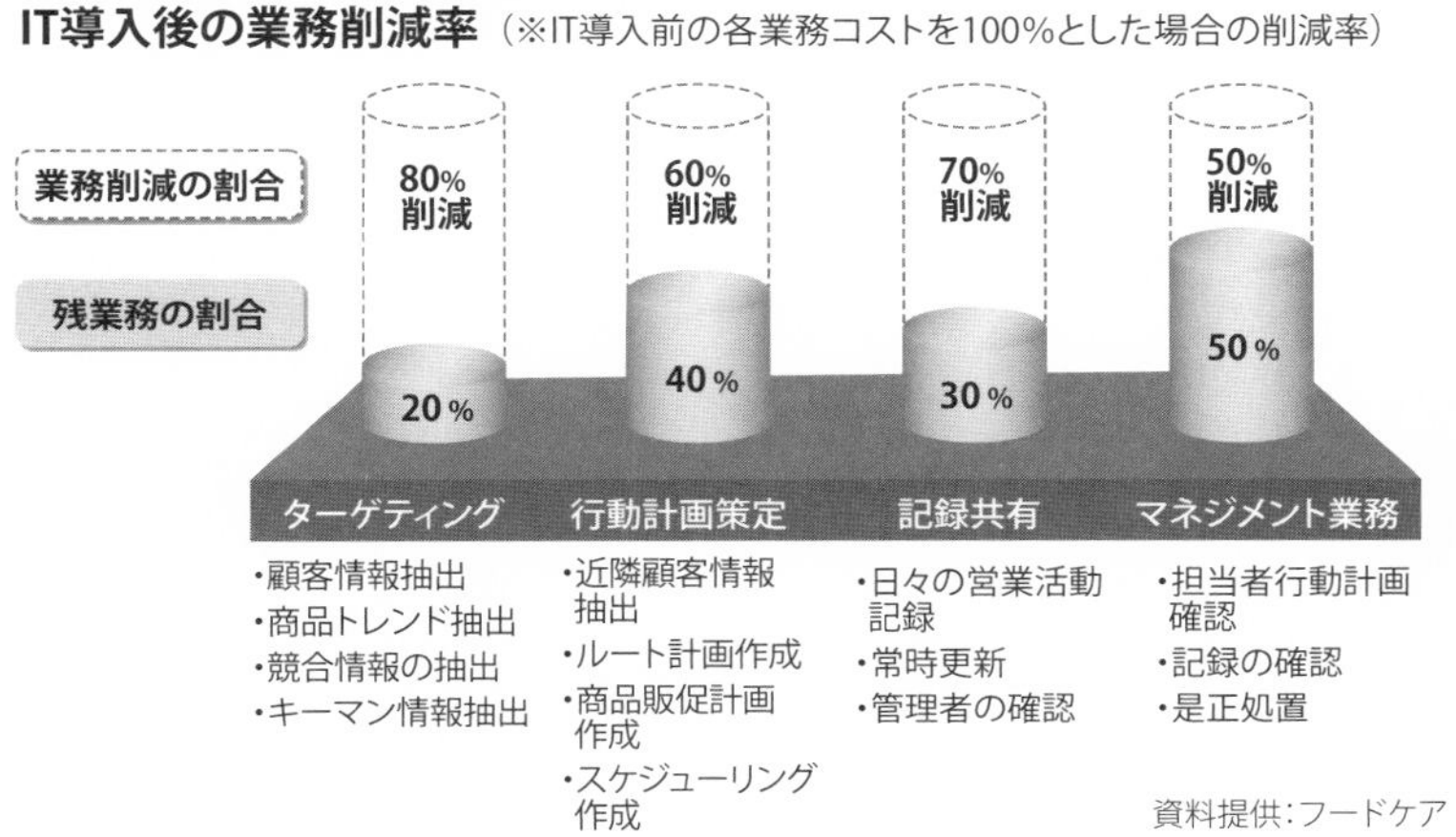

資料提供：フードケア

図表４－11　IT導入後の成果(2)　管理部門

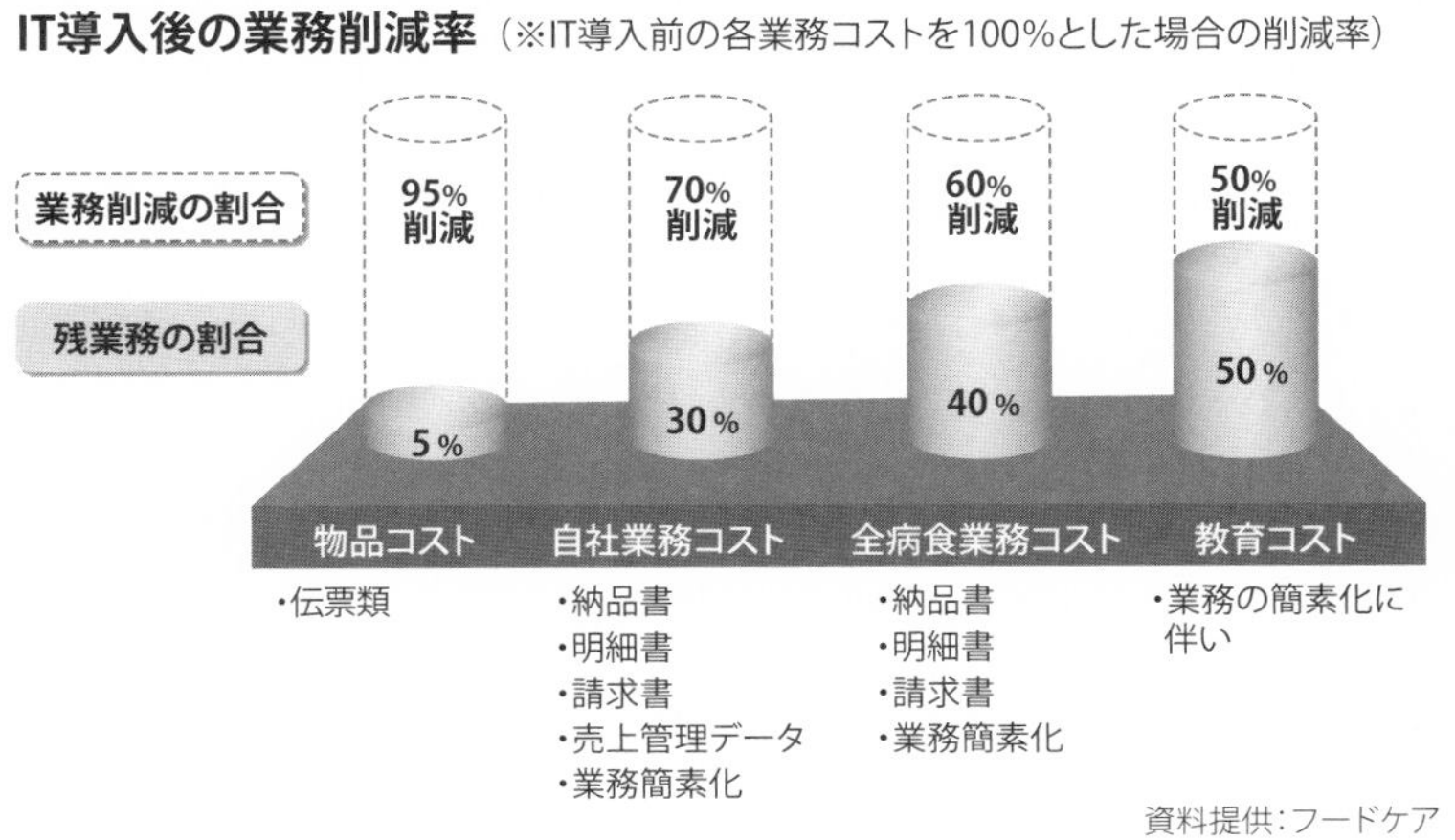

資料提供：フードケア

支援先事例紹介

営業は月曜日の営業会議が終わると全国で活動します。そのため、いつでも、どこでも使えるクラウドシステムが有効でした。

①クラウド経理システム　２０１８年
②クラウド人事総合管理システム　２０２１年
③クラウドデータ分析ＢＩツール　２０１９年
④クラウド・マーケティングオートメーション（ＭＡ）　２０２０年

「少数精鋭主義を堅持！」は創業以来の行動指針となっており、そのためには、優秀な人材の確保、そして「ＩＴを徹底的に使い倒す」という社長の想いをビジョンとして伝え、経営を進めています。

また、ＩＴ面ではデータドリブン経営（ビッグデータ分析で経営変革）、まさにＤＸの世界に入っています。基幹システムから受発注データ、ＳＦＡからの営業データ、顧客情報データ、人事総合管理データを取り出し、ＢＩツールで分析します。今後、これらのデータをＡＩに学習させることで、人間では探索できなかった特徴が見え、より効率的に売上・利益向上のビジネスモデルを創出していかれるでしょう。

まとめとして、成功要因を挙げてみましょう。

・社長の想い（ブルー・オーシャン戦略）を全社員へ徹底でき、一丸となれた
・少数精鋭で全員がその役割に従いプロジェクトに積極的に参加された
・要所要所で社長、幹部がプロジェクト会議に参加し課題を共有された
・「ＩＴありきでなく、経営戦略ありき」をご理解頂いた
・業務要件が決まると、ＩＴベンダー、ＩＴコーディネータの連携で進められた

足腰固め、経営者のビジョン、人材育成、ＰＤＣＡ、ＩＴの活用など、「変われる会社」の仕組みが構築されていることを、おわかりいただけたと思います。

データ活用でＤＸを推進し、ますますの発展が期待されます。

参考文献

＊２つ以上の章に関連する書籍もありますが、初出の章に分類しました。

第１章

・『いい会社をつくりましょう』　塚越寛著　文屋

・『リストラなしの年輪経営：いい会社は「遠きをはかり」ゆっくり成長』
　塚越寛著　光文社

・『末広がりのいい会社をつくる～人も社会も幸せになる年輪経営～』　塚越寛著　文屋

・『部下を育てるＰＤＣＡ面談』　吉田繁夫、吉岡太郎　共著　同文館出版

・『マーケティング発想法』
　セオドア・レビット著、土岐 坤翻訳　ダイヤモンド社

・『ペルソナ戦略─マーケティング、製品開発、デザインを顧客志向にする』
　ジョン・Ｓ・プルーイット著、秋本 芳伸翻訳　ダイヤモンド社

・『稲盛流コンパ　最強組織をつくる究極の飲み会』
　北方雅人、久保俊介共著　日経ＢＰ

・『コーチングで変わる会社 変わらない会社』　播磨早苗、大崎隆夫共著　日本実業出版社

・『部下を伸ばすコーチング～「命令型マネジメント」から「質問型マネジメント」へ』
　榎本英剛著　ＰＨＰビジネス選書

・『プロフェッショナルのスキルを盗め！3秒で効くスーパー質問力』
日本実業出版社編
・『「質問型営業」のしかけ』　青木毅著　同文館出版
・『営業は「質問」で決まる』　青木毅著　同文館出版
・『コーチングスキル』図解　鈴木義幸著　ディスカヴァー・トゥエンティワン
・『コーチングマネジメント』図解　伊藤守著　ディスカヴァー・トゥエンティワン
・『ビジネスモデル・ジェネレーション』
Alexander Osterwalder & Yves Pigneur著　翔泳社
・『ストーリーとしての競争戦略』　楠木建著　東洋経済新報社
・『ブルー・オーシャン戦略』競争のない世界を創造する
（Harvard Business Review Press）
W・チャンキムとレネ・モボルニュ著　ダイヤモンド社
・『ブルー・オーシャン・シフト』
W・チャンキムとレネ・モボルニュ著　ダイヤモンド社
・『ブルー・オーシャン戦略実践入門』　安部徹也　日本実業出版社
・『チャン・キムとモボルニュのブルー・オーシャン戦略がわかる本』（ポケット図解）
中野昭著　秀和システム

・『日本のブルー・オーシャン戦略〜10年続く優位性を築く〜』
安部義彦、池上重輔著　ファーストプレス
・『ビジネスプラン』　川上智子、徳常泰之、長谷川伸 共著　中央経済社
・『ビジネスモデルの教科書』
池本正純監修、カデナクリエイト著　マイナビ出版
・『マーケティング原理〜戦略的行動の基本と実践』
フィリップ・コトラー、ゲイリー・アームストロング著　ダイヤモンド社
・『不変のマーケティング』　神田昌典著　フォレスト出版
・『マーケティング活動の進め方』　木村達也著　日本経済新聞出版社
・『マーケティングの基本』　野口智雄著　日経文庫

第2章
・『EQ　こころの知能指数』　ダニエル・ゴールマン著　土屋京子訳　講談社
・『EQリーダーシップ』
ダニエル・ゴールマン、リチャード・ボヤツィス、アニー・マッキー共著
土屋京子訳　日本経済新聞出版
・『EQマネージャー』
ディビット・R・カルーソ、ピーター・サロペイ共著　東洋経済新報社

・『FOCUS集中力』　ダニエル・ゴールマン著　日経ビジネス人文庫
・『ハーバードメディカルスクール式　人生を変える集中力』
　ポール・ハマーネス、マーガレット・ムーア、ジョンハンク　共著　文響社
・『EQ　こころの距離の近づけ方』　高山直著　東洋経済新報社
・『EQ　こころの鍛え方』　高山直著　東洋経済新報社
・『共感経営　物語り戦略で輝く現場』　野中郁次郎、勝見明　共著　日本経済新聞出版
・『共感力』　ハーバード・ビジネス・レビュー編集部編　ダイヤモンド社
・『心を動かすデジタルマーケティング』〜
　DIAMONDハーバード・ビジネス・レビュー　2016年6月号

第3章

・『Think CIVILITY「礼儀正しさ」こそ最強の生存戦略である』
　クリスティーン・ポラス著、夏目大訳　東洋経済新報社
・『PDCAプロフェッショナル』　稲田将人著　東洋経済新報社
・『PDCAマネジメント』　稲田将人著　日経文庫
・『世界最強の現場力を学ぶトヨタのPDCA』　桑原晃弥著　ビジネス教育出版社
・『鬼速PDCA』　冨田和成著　クロスメディア・パブリッシング

・『ヤマダ電機のPDCA経営』 得平司著 日本経済新聞出版社
・『自分を劇的に成長させる！ PDCAノート』 岡村拓朗著 フォレスト出版
・『いかに「時間」を戦略的に使うか』
DIAMONDハーバード・ビジネス・レビュー編集部編訳
・『ドラッカーの時間管理術』 吉松隆著 アチーブメント出版
・『7つの習慣』 スティーブンソン・R・コビー著 キングベアー出版
・『やっかいな人のマネージメント』
ハーバード・ビジネス・レビュー編集部編
DIAMONDハーバード・ビジネス・レビュー編集部訳 ダイヤモンド社
・『年商100億の社長が教える丸投げチームの作り方』 山地章夫著 明日香出版社

第4章

・『データドリブン経営』
DIAMONDハーバード・ビジネス・レビュー 2019年6月号
・『マーケティングにAIを実装する』
DIAMONDハーバード・ビジネス・レビュー 2021年9月号

【読者の皆様へのインフォメーション】

＊ご購入書店と日付がわかるもの（レシート等）をご用意ください。

1.　書籍の中の図表をダウンロードできます。

書籍の中の図表を社内でお使いいただけるよう、図表をダウンロードできます。

リックテレコム　IT経営マガジン「COMPASS」の教材・コンテンツコーナーをご覧ください。
https://www.compass-it.jp/

2.　ビジネス・モデル研究会のご案内

企業の「変わる」を応援する「ビジネス・モデル研究会」をオンラインにて開催しています。

【参加対象】ビジネス・モデルの再構築を目指す経営者
【活動内容】当書籍の内容深掘りと演習、5名／1チーム、ご希望により個別相談

詳細は、下記へ
・東京IT経営センター
https://www.infoconveni.co.jp/
・COMPASS
https://www.compass-it.jp/

あとがき

最後までお読みいただきありがとうございます。

昨今、コロナ禍もあり、国、自治体、企業の弱点が次々と明らかになってきています。

毎年発行される生産性本部の「日本の国際競争力　日本生産性本部報告」によると、世界の一人当たりの労働生産性比較では、世界で22位前後が近年の状況です。もっと悲しいのは、全労連がOECDの調査（OECD Stat）と日本の「勤労調査」から算出したデータからまとめたデータによると、1970年を「100」とすると平均賃金の伸びが日本だけが指数は「89」でマイナスの伸びです。先進7ヵ国は、指数110~140でプラスの伸びになっているにもかかわらず…。

中小企業は、賃金の低迷によってますます変革を推進する人材を採用しにくくなっており、悪循環に陥っていると考えられます。この循

「労働生産性の国際比較 2020」日本生産性本部
https://www.jpc-net.jp/research/assets/pdf/report_2020.pdf

環を断ち切るには、中小企業の人・組織力の抜本的な改善をし、給与水準を上げることが必要です。最初も人、最後も人です。

一人ひとりの生み出す付加価値を倍増しませんか。

これまで、日常の仕事に追われ、改善できなかったことに本気で取り組めば、倍増も夢ではありません。

世界の大きな変化は、我々にも大きな変革を求めています。国も企業も個人も、必要な新しい知識を獲得せざるを得ない状況にあります。企業は新しい儲けの仕組み構築に、個人は学び直しが必要な時です。国も「リスキリング：Re-skilling」に取り組みはじめました。

経済産業省の資料「リスキリングとは―ＤＸ時代の人材戦略と世界の潮流」では、以下の説明となっています。

新しい職業に就くために、あるいは、今の職業で必要とされるスキルの大幅な変化に適応するために、必要なスキルを獲得する／させること。

人生１００年時代、20代までに学んだ知識だけでは生きられない。その間、環境は大きく変わっているにもかかわらず、学校を卒業後就職してから、日常活動に追われ新しい知識習得の機会はこれまで限られていたのではないでしょうか。雇用の流動化が進んでいる中で、働きながら教育を受け、環境変化にあった専門能力を高め、収入レベルを上げることで豊かな１００年時代を過ごしたい。

一人ひとりが自ら学びの機会を作り、学んで行きましょう。

特にＩＴ、ＩｏＴ、ＡＩの活用やＤＸの推進には学び直しが必須です。デジタル技術を使った新しい仕事の仕方を学ばざるを得ない。企業も人も、まず一歩を踏みだして欲しいと思います。

江戸時代から明治へ、世界の国々との比較で識字率の高かった日本は大きく変わることができました。第2次世界大戦のあとの復興もそうです。困窮した時代、ホームレスせざるを得なかった時代、ホームレスが道端でみんな新聞を読んでいると進駐軍が驚いていたとの話を聞いたことがありあります。今こそ、一人ひとりが学びなおし、デジタル・リテラシーを高めて大きな変革ができるようになることを祈念します。

筆者自身、20数年間、企業のお手伝いに、ただただ走り続けてきました。今回書くことで筆者自身も多くの気づきがあり、経験を振り返り整理し、勉強になりました。皆様も、一生懸命働いてこられていると思います。これからの人生１００年時代、どう生きて行くか、棚卸をし、生き方を考えるときに来ているのではないでしょうか。皆様、やりたいことができたら、すぐに取り組んでいきましょう。

出版にあたり、家族をはじめ多くの方々に助けて頂きました。出版に関しては右も左も分からないなかで、リックテレコムの編集長、石原由美子氏に多くのアドバイスをいただきました。

皆様に深く感謝の意を表します。

田中　渉

著者紹介

田中 渉（たなか わたる）

株式会社東京IT経営センター　代表取締役

https://www.infoconveni.co.jp/

経営とITの橋渡しをするコンサルタント・ITコーディネータ（経済産業省推進資格）として20年間、多くの企業に対し、経営戦略からIT化推進のコンサルテーションを行っている。金融機関、支援機関とも連携し、中小企業の経営改革支援に数多くの実績あり。
登録パートナーとともに「企業の儲けの仕組み見直し・再構築」の支援を中心に活動している。

鹿児島大学卒業後、日本ユニシスに30年間勤務し、コンピュータ関連機器開発プロジェクトリーダーを経験。1998年に独立、株式会社東京IT経営センター代表取締役

［著書］

- 「情報システム部門長・ITマネージャー必携・CIO業務実践マニュアル」：アーバンプロデュース社
- 「POM実践講座－第２巻情報マネジメント」：日本POM協会、全研本社
- 「MOT実践講座－プロジェクトマネジメント」：日本POM協会、全研本社
- 日経コンピュータの連載企画：「中堅・中小企業のITマネジメント講座（全７回）」

中小企業・社長の実践ガイド

激動の時代、会社をどう変えていくか

2021年11月1日　第1版第1刷発行

著　　者　田中 渉
発 行 者　土岡 正純
編 集 者　石原 由美子
発 行 所　株式会社リックテレコム
〒113-0034 東京都文京区湯島3-7-7
振替　00160-0-133646
TEL　03（3834）8380
https://www.ric.co.jp/
https://www.compass-it.jp/
（IT経営マガジン「COMPASS」）
制　　作　株式会社リッククリエイト
印刷製本　壮光舎印刷株式会社

乱丁・落丁本はお取り替えいたします。

ISBN978-4-86594-310-8